I libri di Viella

521

Giovan Francesco Graziani

Memoriale a Paolo V

a cura di
Vittorio Frajese e Elena Sofia Guglielmo

viella

Prima edizione: gennaio 2025
ISBN 979-12-5469-912-6

Stampato con il contributo dell'Unione europea – Next Generation EU, PRIN 2022 *Censorship and comunication in modern Age (XVII-XIX Centuries)*, CUP Master B53D23034180006 – CUP B53D23034180006.

GRAZIANI, Giovan Francesco
Memoriale a Paolo V / Giovan Francesco Graziani ; a cura di Vittorio Frajese e Elena Sofia Guglielmo. - Roma : Viella, 2025. - 124 p. ; 21 cm. - (I libri di Viella ; 521)
Indice dei nomi: p. [121]-124.
ISBN 979-12-5469-912-6
1. Graziani, Giovan Francesco - Processo I. Frajese, Vittorio II. Guglielmo, Elena Sofia
271.4702 (DDC WebDewey) Scheda bibliografica: Biblioteca Fondazione Bruno Kessler

viella
libreria editrice
via delle Alpi, 32
I-00198 ROMA
tel. 06 84 17 758
fax 06 85 35 39 60
www.viella.it

Indice

Vittorio Frajese

Verità e menzogna di una memoria difensiva

Nel 1604 e nel 1605, Venezia promulgò due leggi che sottoponevano all'approvazione del Senato la costruzione di chiese o luoghi pii e l'alienazione di beni immobili a istituzioni ecclesiastiche. Poco tempo dopo, nell'autunno del 1605, alla più alta magistratura veneziana, il Consiglio dei Dieci, accadde di ordinare l'arresto di Scipione Saraceno, un canonico vicentino accusato di aver stuprato la nipote, e di Marc'Antonio Brandolin, un abate di Nervesa accusato di omicidio e danni alla proprietà, avocando così al foro laico il giudizio relativo a due ecclesiastici. I due atti ponevano mano a due problemi crescenti della società veneta e italiana tutta: l'enorme estensione della proprietà ecclesiastica che sottraeva quasi un terzo del territorio alla diretta e intera fiscalità dello stato e l'inefficienza del foro ecclesiastico preoccupato di tutelare l'onore di ceto più che la giustizia.[1] Dal punto di vista romano, tuttavia, questi atti si presentavano come una violazione di un'esenzione di beni e persone ecclesiastiche dalla giurisdizione civile che costituiva diritto antico e parte integrante della rivendicata *libertas ecclesiae.* Sorgeva così il problema dell'origine e della natura della giurisdizione ecclesiastica sulle persone fisiche e i beni immobili. Quando Venezia si trovò ad affrontare questa questione, la "chiesa" era una società giuridicamente ordinata e retta da magistrature dotate di poteri analoghi a quelli esercitati dalle magistrature secolari. Le autorità ecclesiastiche emanavano leggi, istituivano tribunali, celebravano processi, emettevano con-

1. Sul punto vedi ora Michele Mancino, Giovanni Romeo, *Clero criminale. L'onore della chiesa e i delitti degli ecclesiastici nell'Italia della Controriforma*, Bari, Laterza, 2013; Massimo Firpo, *Riforma cattolica e concilio di Trento. Storia o mito storiografico?*, Roma, Viella, 2018.

danne fino alla pena di morte, possedevano ricchezze ed esigevano tasse così da costituire un pubblico potere diretto a governare la società insieme al potere politico. La società cristiana era una comunità di battezzati retta da due poteri: il potere "secolare" esercitato dalle magistrature politiche volte a garantire pace e sicurezza al territorio e il potere "spirituale" esercitato dalle magistrature ecclesiastiche volte a garantire la salvezza dell'"anima" attraverso il governo della vita morale e culturale dei sudditi. Coloro i quali non condividevano i principî di questo governo "spirituale" venivano repressi attraverso il tribunale dell'Inquisizione, se appartenenti alla comunità dei battezzati, oppure venivano tenuti ai margini dello stato, se appartenenti a comunità diverse da quella cattolica quale la ebraica.

Nelle ultime settimane del 1605 si stava spegnendo il doge in carica, Marino Grimani, e il nuovo papa Paolo V, proveniente dalla congregazione del Sant'Ufficio della romana e universale inquisizione, pensò di orientare la scelta del successore mostrando intransigenza. Il 10 dicembre 1605 emise dunque due brevi con i quali intimava la revoca delle due leggi e la consegna dei due ecclesiastici sotto pena di interdetto – interruzione di ogni ufficio religioso sul territorio – dello stato veneto in caso di renitenza. L'effetto della sua iniziativa fu però opposto a quello desiderato perché il Maggior Consiglio, invece di adeguarsi alle richieste del nuovo papa ed eleggere un candidato incline al compromesso, il 10 gennaio 1606 ballottò alla carica di doge Leonardo Donà, *leader* del gruppo dei "giovani" patrizi più preoccupati di rilanciare quell'iniziativa politica persa alla metà del Cinquecento a causa del parallelo consolidamento dell'egemonia spagnola sul territorio e della monarchia pontificia sulla chiesa della penisola. Questa scelta si tirò dietro quella di Paolo Sarpi e diciotto giorni dopo, il 28 gennaio, il Senato decretò che «il reverendo padre maestro Paolo de' Servi di Venezia» fosse «condotto ai nostri servizi per teologo e canonista».[2] Ad assisterlo nel nuovo ruolo teologico-giuridico fu chiamato un altro Servo di Maria allora reggente lo *Studio* bolognese di Santa Maria dei Servi, Fulgenzio Micanzio, che venne convocato ufficialmente dalla Serenissima nel luglio del 1606. Aveva così inizio una collaborazione tra i due che sarebbe durata il resto della loro vita.

Il seguito della vicenda fu la conseguenza delle decisioni prese a Roma e a Venezia: il 17 aprile Paolo V emise un Monitorio con il quale scomunicò doge, Senato e Consiglio dei Dieci e sottopose a interdetto il

2. Paolo Sarpi, *Consulti*, a cura di Corrado Pin, 2 voll., Pisa-Roma, Istituti editoriali poligrafici dello stato, 2001, vol. 1, t. I, p. 23.

territorio dello stato veneto. Il 6 maggio il Senato, ispirato dal suo nuovo teologo e canonista, oppose un *protesto* con il quale ribadì le proprie ragioni e dichiarò illegittimo l'interdetto intimando agli ecclesiastici presenti nel territorio di non rispettarlo. La crisi condusse Venezia e Roma sull'orlo della guerra che tuttavia non scoppiò mentre ne corse un'altra, "di scritture" provocata dalla difesa delle ragioni delle due parti ad opera dei rispettivi teologi e giuristi per mezzo di una fitta produzione di *pamphlet* giunti complessivamente a 155 titoli tirati in 321 edizioni per un totale stimato tra le 300 e le 600 mila copie.[3] Lo scambio più rilevante di questa "guerra" si svolse tra Sarpi e il cardinale gesuita Roberto Bellarmino e pose sul tappeto i più rilevanti problemi sollevati dai rapporti tra potere politico e potere ecclesiastico. Quale natura aveva l'autorità ecclesiastica? Quale estensione aveva il potere politico e quale ruolo aveva la coscienza del fedele? Era concepibile che quest'ultima fosse sottoposta a un potere? Sarpi rispose a queste domande riformulando la tradizionale rappresentazione dei rapporti tra principato e sacerdozio alla luce del nuovo criterio giuridico della sovranità esposto da Jean Bodin nei *Six livres de la République*. «La cura della pubblica tranquillità s'aspetta tutta al principe», scrisse, mentre «la cura dell'anima di ciascuno non tocca al solo prelato, il suddito ci ha dentro la parte principalissima, per il che a lui appartiene principalmente il pensarci sopra».[4] Ciò significava che solo il magistrato politico esercitava un potere propriamente detto – un'autorità di obbligare sotto condizione penale – mentre al magistrato ecclesiastico non andava affidato un potere in senso proprio perché esso aveva il compito di consigliare e indirizzare ma le scelte in materia di salvezza andavano lasciate al fedele.

«Tutto l'errore sta nel voler dare al Prelato potestà sulle cose temporali e transformare il ministerio ecclesiastico in un giudizio forense»,[5] concluse Sarpi ponendo così il problema del passaggio del foro ecclesiastico dalla sfera morale a quella del diritto. Divenne quindi chiaro alla

3. I calcoli sono di Filippo De Vivo, *Patrizi, informatori, barbieri. Politica e comunicazione a Venezia nella prima età moderna*, Milano, Feltrinelli, 2012, pp. 105-107.

4. *Apologia per l'oppositioni fatte dall'Illustrissimo e Reverindissimo cardinal Bellarmino alli Trattati et Resolutioni di Gio. Gersone sopra la validità delle scomuniche del padre Maestro Paolo da Venetia dell'ordine de' Servi*, 1606, in *Raccolta degli scritti usciti fuori a stampa e scritti a mano nella causa del Papa Paolo V co' Signori Venetiani secondo le stampe di Venezia, di Roma e d'altri luoghi*, Coira, 1607, pp. 392-393.

5. Ivi, p. 393.

sua riflessione che la radice della questione stava nella concezione della chiesa come potere capace di istituire vincoli giuridici equivalenti a quelli stabiliti dallo stato e che, per conseguenza, fino a quando questa situazione fosse persistita, la tolleranza delle minoranze sarebbe rimasta incerta e una qualche forma di autonomia del suddito sarebbe risultata impossibile. Il suo problema divenne allora questo: rendere la chiesa compatibile con la sovranità dello stato, la tolleranza delle comunità religiose minoritarie – greca, ebraica, protestante – e un margine di libertà individuale da esercitare soprattutto nella sfera privata. Tale esigenza lo condusse a dialogare con la religione riformata, soprattutto di orientamento calvinista, da lui valutata come quella che, attraverso il principio di giustificazione per fede, aboliva la natura giuridica della norma ecclesiastica e, con essa, una sovranità parallela a quella dello stato. Quando fu pubblicato il Monitorio contro Venezia, egli pensò che il conflitto aperto da Paolo V stesse innescando una rottura tale da condurre alla formazione di un'autonoma chiesa veneta sul modello greco. Prese quindi in considerazione, in maniera assai fugace, l'ipotesi di una compagine guidata dal patriarca di Venezia e orientata da una dottrina ancora da definire ma destinata a inclinare verso le teologie riformate.[6] Una tale chiesa avrebbe lasciato un maggiore spazio al potere civile nell'amministrazione della *police ecclésiastique* e avrebbe tollerato le altre comunità religiose assieme al pensiero manifestato nella sfera privata. Sarebbe stata una chiesa, in altre parole, più controllata dal potere politico e più tollerante.[7]

Questa situazione creò un contesto favorevole all'iniziativa dell'arcivescovo greco di Filadelfia, Gavril Seviros, e dell'ambasciatore inglese a Venezia, Henry Wotton, che ebbe occasione di operare non solo nel campo politico ma anche in quello religioso. Nel febbraio del 1606 Wotton informava infatti il rappresentante inglese a Bruxelles, Thomas Edmondes, che, in vista delle censure minacciate da Roma, alcuni teologi veneziani

6. L'atteggiamento assunto da Sarpi durante l'interdetto si trova ora illustrato in Corrado Pin, *Introduzione* a Sarpi, *Consulti*, vol. 1, t. 1, pp. 43-67; Id., *Capo, maestro e consultore d'un infamissimo scisma: Paolo Sarpi e l'Interdetto di Venezia del 1606-1607*, in *Lo stato marciano durante l'Interdetto*, Atti del XXIX convegno di studi storici (Rovigo, 3-4 novembre 2006), a cura di Gino Benzoni, Rovigo, Minelliana, 2008, pp. 189-219; vedi pure Vittorio Frajese, *Sarpi scettico. Stato e Chiesa a Venezia tra Cinquecento e Seicento*, Bologna, il Mulino, 1994, pp. 272-287.

7. Archivio Apostolico Vaticano (AAV), *Nunziatura di Venezia*, 38, f. 290r; e Frajese, *Sarpi scettico,* p. 368.

stavano prendendo in considerazione l'eventualità di passare alla chiesa greca qualora non fossero riusciti a far dire messa ai loro preti di rito latino.[8] Alludeva certo a Sarpi e alla sua cerchia che manifestavano in tal modo una disponibilità a separarsi dalla chiesa romana. Per conseguenza, dopo un primo contatto stabilito nel maggio del 1606, il 26 gennaio 1607 Wotton scrisse al teologo calvinista Giovanni Diodati informandolo che anche secondo Sarpi «il tempo adesso è maturo per dar principio a qualche forma di congregazione secreta a Venetia»[9] e chiedendo di conseguenza persona dotta e fidata da inviare in laguna al fine di operare in tale direzione. Secondo la testimonianza di Wotton, tuttavia, l'idea discussa con Sarpi non fu di propagandare a Venezia una precisa confessione riformata bensì di seminare principî generali capaci di dare frutto con il tempo: «nel principio di lassar passare li più duri e più oppositi articoli di nostra fede, senza punto stuzzicargli, gittando fondamenta orthodoxi generali, dalli quali poi il particolare intelletto di ognuno ne saprà cavare da sé conseguenze salutifere».[10] Sarpi aveva dunque chiarito anche all'ambasciatore inglese che la nuova teologia avrebbe dovuto tracciare principî generali ed essere un seminario di idee da lasciare all'interpretazione degli ascoltatori più che un insegnamento di dottrine determinate.

Tra fine aprile e inizio maggio 1607 il cappellano dell'ambasciata inglese, Nathaniel Fletcher, fu sostituito dal più attivo William Bedell il quale ebbe incontri frequenti sia con Sarpi sia con Micanzio ricevendone l'impressione che convenissero con lui sui principî fondamentali della religione «and in a word, for the substance of religion, they are wholly

8. Stefano Villani, *Uno scisma mancato. Paolo Sarpi, William Bedell e la prima traduzione in italiano del* Book of Common Prayer, in «Rivista di Storia e Letteratura religiosa», 1 (2017), p. 68; Id., *«Amaestrare i fanciulli»? Traduzioni in italiano di catechismi della Chiesa d'Inghilterra nella prima età moderna»*, in «Rivista storica italiana», 1 (2017), pp. 131-136; sul tema vedi pure Melanie Ord, *Venice and Rome in the Address and Dispatches of Sir Henry Wotton: first English Embassy to Venice 1604-1610*, in «The Seventeenth Century», 22, 1 (2007), pp. 3-22; Gaetano Cozzi, *Fra Paolo Sarpi, l'anglicanesimo e la Istoria del Concilio tridentino*, in «Critica storica italiana», 68, 4 (1956), pp. 559-619; Id., *Sir Edwin Sandys e la Relazione dello stato della religione*, in «Rivista storica italiana», 79, 4 (1967), pp. 1096-1121; Boris Ulianich, *Sarpiana. La lettera del Sarpi allo Heinsius*, in «Rivista storica italiana», 3 (1956), pp. 425-446; John Leon Lievsay, *Venetian Phoenix: Paolo Sarpi and some of his English Friends*, Wichita, The University Press of Kansas, 1973.

9. Villani, *Uno scisma mancato,* p. 69.

10. *Ibidem*.

ours».[11] Così, per approfondire la loro conoscenza della religione praticata oltremanica, nell'estate del 1608 egli donò ai due serviti diversi libri tra i quali le *Institutiones christianae religionis* di Calvino e pose mano a una grammatica inglese. Questi contatti avviati dall'ambasciata inglese si intrecciavano con l'iniziativa promossa dal principe Christian von Anhalt in rappresentanza dell'Elettore Palatino, Federico IV, per costruire un'alleanza di stati protestanti e nel luglio 1608 giunse a Venezia il suo emissario, Christoph von Dohna, con l'incarico di sondare la possibilità di inserire Venezia nell'Unione appena costruita. Nel settembre arrivò anche Giovanni Diodati che soggiornò a Venezia per circa un mese e, come von Dohna, intrattenne delle conversazioni con Sarpi.[12] Diodati corresse però la percezione di Bedell e giudicò il consultore *in iure* esitante e restìo a soluzioni precipitose così da rendere opportune iniziative preliminari comprendenti la traduzione di libri e opuscoli, l'invio di mercanti fiamminghi capaci di trasmettere i principî del calvinismo e la creazione di un Fondaco inglese sul modello di quello già esistente per i tedeschi. «Fra Paolo» scrisse Diodati a Philippe Duplessis Mornay «è fisso in una pericolosissima massima che Iddio non curi molto l'esterno, purché l'animo e il cuore habbia quella pura e diritta intentione et relatione a lui in Christo pel lume della sua parola e del suo Spirito»[13] e per conseguenza trattò con lui «di liturgia, di seminarii, di scolari e d'altri disegni altissimi» [14] ma non di iniziative scismatiche.

L'ambasciata d'Inghilterra inserì dunque Sarpi e Micanzio nel circuito più propriamente calvinista ma quest'ultimo dovette constatare il metodo gradualistico, parziale, propedeutico, perseguito da Sarpi, un metodo basato sulla promozione delle minoranze comunitarie presenti nel dominio più che su di uno specifico sistema dottrinale da assumere come nuova confessione di fede dello stato veneto. Secondo le fonti che hanno finora guidato le ricostruzioni della vicenda – quelle inglesi che ben si integrano con la deposizione di Luigi Valeriani acquisita a Roma nel gennaio del 1609 – questo lavorio toccò il suo momento culminante con le prediche

11. Ivi, p. 72.

12. Karl Benrath, *Neue Briefe von Paolo Sarpi (1608-1616). Nach den in Fürstlich Dohna'schen Archiv aufgefundenen originalen herausgegeben*, Leipzig, Rudolf Haupt, 1909, pp. 6-16.

13. Raffaele Taucci, *Intorno alle lettere di fra Paolo Sarpi ad Antonio Foscarini*, Firenze, Tipografia Barbera, 1939, p. 201

14. Villani, *Uno scisma mancato*, p. 73.

quaresimali tenute da Fulgenzio Micanzio tra marzo e aprile 1609. In tali prediche egli avrebbe copertamente esposto dottrina riformata facendosi punta di lancia delle iniziative promosse da Wotton e Diodati. Secondo le fonti inglesi, in una di esse Micanzio avrebbe affrontato il problema della «verità» agitando una copia del Nuovo Testamento per dire che tale verità stava in quel libro ma che esso era vietato e proseguire poi il discorso con un elogio della preghiera in volgare, atto illecito in Italia da quando la sessione XXII del Concilio di Trento aveva proibito l'uso del volgare nella celebrazione della messa e Pio V aveva completato l'opera estendendo la proibizione alla recitazione dell'Ufficio.[15]

Dal punto di vista inglese, le prediche tenute da Micanzio nel marzo-aprile 1609 costituirono il momento apicale del lavoro svolto a Venezia dallo *staff* dell'ambasciata e l'inizio del suo declino. In quei mesi, la situazione cominciò infatti a mutare. La lunga contesa relativa all'attribuzione della ricca abbazia della Vangadizza si chiuse con una deliberazione, votata a netta maggioranza il 1° agosto 1609, favorevole alla mediazione proposta dal cardinale Michelangelo Tonti – attribuzione del titolo a Scipione Borghese e commenda al veneziano "confidente" Matteo Priuli, figlio del Procuratore di san Marco, Antonio Priuli – e avversata dal gruppo dei senatori anticuriali guidati dal doge, Leonardo Donà.[16] La vicenda ebbe il suo peso non soltanto perché vide prevalere, su una questione importante, la linea favorevole al compromesso con Roma ma anche perché pose in luce la completa organicità di Sarpi alla politica di Leonardo Donà e del senatore Nicolò Contarini, senza i quali sarebbe stata inimmaginabile ogni sua mossa. E la circostanza ebbe una pronta conferma poco più di un mese dopo, quando l'ambasciatore francese a Venezia, Richard de Champigny, presentò in Senato un'intercettata lettera di Giovanni Diodati a Duplessis Mornay contenente una relazione della sua missione a Venezia ricca di positivi apprezzamenti sulla disposizione del patriziato veneziano ad accogliere una riforma di impostazione calvinista. Nel presentare la sua denuncia al Senato, Champigny aveva avuto cura di cancellare «il nome del doge, el quale veniva nominato dal ministro per inclinato all'heresia, per non offenderlo e rovinare il negotio dal bel principio».[17] L'episodio

15. Vedi Gigliola Fragnito, *La Bibbia al rogo. La censura ecclesiastica e i volgarizzamenti della Scrittura (1471-1605)*, Bologna, il Mulino, 1997, pp. 66-70.

16. Sarpi, *Consulti*, vol. I, t. II, pp. 817-827.

17. Taucci, *Intorno alle lettere di fra Paolo Sarpi*, p. 240.

rafforzò l'orientamento favorevole alla normalizzazione dei rapporti con Roma rendendo più difficile quella promozione delle idee riformate assai cautamente svolta nei tre anni precedenti. Non mise tuttavia in crisi la collaborazione di Sarpi con il governo veneziano e ciò conferma come tutto ciò che lui e Micanzio avevano fatto nei tre anni precedenti fosse avvenuto con il consenso di Leonardo Donà. L'11 settembre 1609, il Senato ratificò la proibizione dell'*Apologia pro iuramento fidelitatis*, scritta da Giacomo I in difesa del giuramento di fedeltà imposto ai cattolici inglesi dopo la «congiura delle polveri», confermando la condanna di quello scritto emanata dal Sant'Ufficio con decreto del 9 luglio 1609, e Wotton comprese che i margini della sua iniziativa erano ormai esauriti risolvendosi ad abbandonare Venezia.[18]

L'appoggio dato da Sarpi e Micanzio, con il consenso del doge, alla presenza calvinista in Venezia tra 1606 e 1609 non costituì dunque un'adesione di fede alla dottrina di Calvino bensì una preferenza etico-politica verso una religione meglio disposta, secondo il loro giudizio, a istituire una distinzione tra legge e fede, stato e chiesa, e meglio capace di costruire una qualche forma di autonomia del suddito nella sfera etica. Del fatto ci rende certi la vasta messe di manoscritti privati lasciati da Sarpi nei quali emerge una critica dell'idea di Dio propria della teologia cristiana e una conseguente valutazione averroistica della religione come «medicina» volta a suscitare virtù civili nelle persone comuni. Questa conclusione, imposta con evidenza dagli scritti privati, ha diviso gli studiosi e il *Memoriale* di Giovan Francesco Graziani che pubblichiamo appresso contribuisce a documentarne l'evidenza anche presso i contemporanei.

A Roma intanto si poneva mano alle condanne. Non appena cominciarono ad apparire gli scritti a stampa in difesa di Venezia, il Sant'Ufficio ne condannò i più rilevanti come eretici. Il 20 settembre furono proibite le *Considerationi sopra le censure della Santità di papa Paolo V* di Paolo Sarpi e il *Trattato dell'Interdetto della Santità di papa Paolo V* sottoscritto da sette teologi: Pietro Antonio Ribetti, arcidiacono e vicario generale di Venezia, Paolo Sarpi, Servo di Maria, Bernardo Giordani minore conventuale, Michel'Angelo Bonicelli minore osservante, Marc'Antonio Cappello minore conventuale, fra Camillo teologo agostiniano e Fulgenzio Mican-

18. Villani, *Uno scisma mancato*, p. 87. Sulla proibizione del libro di Giacomo I, vedi Jesus M. De Bujanda, *Index librorum prohibitorum 1600-1966*, Genève, Droz, 2002, p. 469; e De Vivo, *Patrizi informatori barbieri*, p. 334.

zio Servo di Maria.[19] Due giorni dopo, il 22 settembre 1606 fu proibita l'*Apologia per le oppositioni fatte dall'Illustrissimo e Reverendissimo signor cardinale Bellarmino alli Trattati et Resolutioni di Gio. Gersone* di Paolo Sarpi.[20] In conseguenza di queste proibizioni, il 30 ottobre Paolo Sarpi e Fulgenzio Manfredi furono chiamati a comparire entro 14 giorni davanti al tribunale del Sant'Ufficio per rispondervi *de fide* sotto pena di scomunica in caso di renitenza.[21] Sarpi replicò il 25 novembre con una lettera indirizzata ai cardinali Girolamo Bernieri e Domenico Pinelli nella quale dichiarò di essere disposto a presentarsi «a giudici non sospetti» e «in qualunque luogo sicuro»;[22] e lo stesso fece Fulgenzio Manfredi in una lettera recante la stessa data. Il Sant'Ufficio reagì a questa iniziativa scomunicando entrambi il 5 gennaio 1607 con formula *latae sententiae.*[23] Giovanni Marsilio, dal canto suo, scrisse una missiva nella quale dichiarò nulla la sentenza di scomunica e la confisca dei suoi beni decretata dal Sant'Ufficio.[24]

L'iniziativa romana proseguì in diverse forme. Quando, il 17 aprile 1607, Venezia deliberò la formula di accordo con la Santa Sede per porre fine all'Interdetto, il Senato approvò a maggioranza la sua versione più conci-

19. Su questi teologi Gino Benzoni, *I teologi minori dell'Interdetto,* in «Archivio veneto», 91 (1970), p. 48.

20. *Elenchus librorum omnium, tum in Tridentino Clementinoque Indice tum in alijs omnibus sacrae Indicis congregationis particularibus decretis hactenus prohibitorum,* per Franciscum Maddalenum Capiferrum, Roma, typ. Della Camera Apostolica, 1632, pp. 31, 115, 643.

21. Bibilioteca Casanatense Roma (BCR), *Inquisizione e Indice nei secoli XVI-XVIII. Controversie teologiche dalle raccolte casanatensi,* Diakronia, Vigevano 1998, p. 152; vedi anche Francisco Peña, *De ope ferenda cum venetis*, in AVV, *Borghese*, II, 48, ff. 426 e sgg; Taucci, *Intorno alle lettere di fra Paolo Sarpi*, p. 33; Vittorio Frajese, *Le categorie della Controriforma. Politica e religione nell'Italia della prima età moderna,* Roma, Bulzoni, 2011, pp. 28-43. Subito dopo la conclusione dell'Interdetto, Peña propose di scomunicare e citare in giudizio il doge per usurpazione dell'autorità ecclesiastica e fautoria manifesta di Giovanni Marsilio, di Sarpi e degli altri teologi veneziani «quos S. Officium Romanis et generalis Inquisitionis ad respondendum de fide citavit contumaces et excommunicavit».

22. Ivi, pp. 151-152, documento n. 551.

23. Corrado Pin, *Tra religione e politica: un codice di memorie di Paolo Sarpi*, in *Studi politici in onore di Luigi Firpo*, a cura di Silvia Rota Ghibaudi e Franco Barcia, 2 voll., Milano, Franco Angeli, 1990, vol. II, *Ricerche sui secoli XVII-XVIII*, p. 161.

24. La lettera di Manfredi è pubblicata in *Monarchia Sacri Romani Imperii*, t. III, Francoforte 1613, pp. 483-485; ne offre descrizione *Inquisizione e Indice nei secoli XVI-XVIII*, p. 148, documento n. 535; la lettera di Giovanni Marsilio si trova segnalata e descritta ivi, pp. 148-149, documento n. 536.

liante che, sul punto relativo al trattamento da riservare ai propri teologi, non escludeva la loro citazione in giudizio presso i tribunali romani in maniera tassativa, come avrebbero voluto i filo-sarpiani, ma si limitava a scoraggiarla rinviando la definizione della questione a futuri negoziati da condurre attraverso l'ambasciatore veneto a Roma. Il testo approvato da Venezia recitava infatti: «aspettando di ricever questa corrispondenza da Sua Santità che quei religiosi et altri che hanno sostentato le ragioni et obbedito gli ordini della Repubblica non ricevano per tal causa molestia di sorte alcuna dovendo di ciò esser trattato coll'ambasciatore a Roma», laddove la formula proposta dai senatori filo-sarpiani aggiungeva: «e perciò si vorranno aver sempre [*sc.* i teologi filoveneziani] nella protettione pubblica».[25] Venezia concludeva così l'Interdetto senza proclamare l'incondizionata protezione di chi l'aveva difesa. Il fatto era reso possibile dal carattere collegiale del governo repubblicano che generava mutevoli maggioranze attorno a contingenze specifiche e che, in quell'occasione, vide prevalere l'umore più disponibile al compromesso: la politica sostenuta dal doge non era stata condivisa da tutti e nella risoluzione finale era prevalsa l'inclinazione di coloro i quali si sentivano stanchi del conflitto e desideravano la pace anche a costo di concessioni alla Sede Apostolica. Anche se illegale, non era dunque assurda l'istruzione impartita da Paolo V a Berlinghiero Gessi, in partenza per Venezia come nuovo nunzio, quando recitava:

> delle persone di fra Paolo servita e Giovanni Marsilio e degli altri seduttori che passano sotto nome di teologi, si è discorso con Vostra Signoria in voce, la quale dovrìa non avere difficoltà in ottenere che fossero consegnati al Santo Officio, non che abbandonati dalla Repubblica et privati del stipendio che si è loro constituito con tanto scandalo del mondo.[26]

Tanta sicurezza era eccessiva ma corrispondeva a due dati di fondo: in primo luogo, l'impostazione data alla vicenda dalla Santa Sede che vedeva

25. Enrico Cornet, *Paolo V e la Repubblica veneta: giornale dal 22 ottobre 1605-9 giugno 1607*, Vienna 1859, pp. 243-244; Id., *Paolo V e la Repubblica veneta: nuova serie di documenti*, in «Archivio veneto», I, 1873, vol. V, pp. 27-318; e VI (1873), pp. 68-131; Bartolomeo Cecchetti, *La Repubblica di Venezia e la Corte di Roma nei rapporti della religione*, Venezia, Naratovich, 1874, vol. 1; Gaetano Cozzi, *Paolo Sarpi tra Venezia e l'Europa*, Torino, Einaudi, 1979, pp. 249-256; e William James Bouwsma, *Venezia e la difesa della libertà repubblicana. I valori del Rinascimento nell'età della Controriforma*, Bologna, il Mulino, 1977; Pin, *Introduzione* a Sarpi, *Consulti*, p. 53.

26. Pin, *Introduzione* a Sarpi, *Consulti*, p. 54.

nel conflitto con Venezia non già una contesa politica tra pari bensì una rivolta di ispirazione eretica contro la propria sovrana autorità; in secondo luogo, il saldo controllo esercitato da Roma sulle dottrine e le stampe che ne costituivano il veicolo. Le due circostanze inducevano a riassorbire l'anomalia rappresentata dai teologi filo-veneziani con il metodo del processo di fede. «La risolutione della congregatione del Santo Officio di procedere contra il Marsilio [*sc.* Giovanni] come conforme al giusto non può da alcuno essere biasimata»,[27] scriveva il 24 novembre 1607 Berlighiero Gessi, ora giunto a Venezia, e il suo giudizio corrispondeva alla convinzione diffusa a Roma. Un mese e mezzo prima, il 5 ottobre, era stata tentata la via più sbrigativa del pugnale. Tre sicari, presto identificati in Rodolfo Poma, Alessandro Parrasio e Michele Viti, avevano aggredito Sarpi sul ponte di Santa Fosca mentre rientrava nel suo convento in compagnia di un altro frate e di Alessandro Malipiero. La vittima si era riparata con il mantello mandando a vuoto molti colpi ma uno di essi era andato a segno conficcandosi sotto l'orecchio destro. Sarpi era stramazzato a terra mentre Malipiero invocava aiuto e alcuni passanti giungevano in soccorso. I tre erano allora fuggiti lasciando a terra l'aggredito: che non era morto.

Paolo V e il Sant'Ufficio avevano intanto posto sotto sorveglianza i teologi filo-veneziani allo scopo di rilevarne eventuali difetti morali o dottrinali atti a suffragare l'accusa di eresia e di immoralità.[28] Il nesso logico sostenuto a Roma era di origine agostiniana e si trovava ben illustrato dall'inquisitore Giovan Pietro Carafa, poi papa Paolo IV, nel memoriale presentato a Clemente VII il 4 ottobre 1532 e noto con il titolo *De lutheranorum haeresi reprimenda et ecclesia reformanda*: l'eresia è errore e l'errore prende piede quando le passioni prevalgono sulla ragione. «La peste dell'heresia», aveva argomentato Carafa, «si sol introdur o per le prediche e libri ereticali o per la lunga habitudine nella mala et dissoluta vita».[29] Per ottenere riscontro a questo presupposto e scoprire libri eretici e vita dissoluta fu dunque attivata una rete di informatori che inviò a Roma

27. Pietro Savio, *Per l'epistolario di Paolo Sarpi*, in «Aevum», 14 (1936), p. 17.

28. Pin, *Tra religione e politica*, p. 161.

29. Gian Pietro Carafa, *De lutheranorum haeresi reprimenda et ecclesia reformanda*, in *Concilium tridentinum*, XII, Friburgi Brisgoviae, 1930, p. 69. Il discorso è un calco dell'*Instruttione data al reverendo padre fra Bernanrdino da Venezia*: vedi Gennaro M. Monti, *Ricerche su papa Paolo IV Carafa*, Benevento, Coop. Tip., 1923, p. 60; per la matrice agostiniana vedi Saverio Ricci, *Davanti al Sant'Uffizio. Filosofi sotto processo*, Viterbo, Sette Città, 2009, pp. 21-22.

gran quantità di delazioni e inchieste sulla personalità dei teologi di parte veneta. In stretta collaborazione con Paolo V e con il Sant'Ufficio, Scipione Borghese cominciò quindi a raccogliere lettere, delazioni e inchieste sulla personalità dei teologi filo-veneziani. In occasione della candidatura alla cattedra episcopale di Nona, in Dalmazia, avanzata da Sarpi nel 1601, il nunzio a Venezia, Offredo Offredi, aveva inviato a Roma il 10 novembre una lettera riservata nella quale scriveva che Sarpi:

> m'è stato messo in concetto d'huomo che possa creder qualcosa di quel che non si deve, e non creder in qualche altra parte quel che siamo obligati. Anzi che ho sentito mormorare che egli con alcuni altri faccino una scoletta piena d'errori.[30]

Offredi aveva anche dichiarato le sue fonti – Gabriele Dardano, già vicario dell'ordine dei Servi di Maria, e il gesuita Achille Gagliardi – chiedendo di tenere segreta la sua lettera «perché questo huomo è padrone di mezza questa città». L'informativa era agli atti ma sul tavolo di Scipione Borghese c'era anche una relazione *de vita et moribus* basata su fonti provenienti dall'ordine dei Servi di Maria e originata pur'essa, forse, dall'inchiesta svolta nel 1601. La relazione premetteva che «Fra Paolo è tenuto di buona vita dalla sua religione» ma aggiungeva che tale diffusa fama presentava pur sempre qualche crepa relativa allo scrupolo usato nella devozione. Sarpi aveva soggiornato presso il duca di Mantova, Guglielmo Gonzaga, dove aveva mostrato di nutrire dubbi in materia di fede.[31] Si era addottorato in Teologia a Padova ed era diventato rapidamente Procuratore generale del proprio ordine ma «quanto alla vita et costumi fu sempre molto destro di modo che qual Alcibiade da tutti era sospetto ma in publico poi et universalmente non pareva che alcuno sapesse opporgli» tanto da indurre i superiori a lamentare «che con li costumi poco osservasse quello che altrui havesse prescritto».[32] Era stato spesso notato che mancava di quella devozione e assiduità agli uffici divini propria di un buono

30. Pietro Pirri, *Come Paolo Sarpi non fu vescovo di Nona*, in «Civiltà cattolica», 4 (1936), p. 198.

31. Vittorio Frajese, *Visti da Roma. Paolo Sarpi e Fulgenzio Micanzio nel triennio filoprotestante (1606-1609)*, in «Nuova Rivista Storica», 103, 1 (2019), p. 182. Sul rapporto di Sarpi con il duca Guglielmo Gonzaga torna anche Fulgenzio Micanzio, *Vita del padre Paolo*, in Paolo Sarpi, *Istoria del Concilio tridentino*, 2 voll. a cura di Corrado Vivanti, Torino, Einaudi, 1974, vol. II, p. 1279, il quale riferisce come in quell'occasione Sarpi perfezionasse il suo ebraico.

32. *Ibidem*.

e non simulato religioso [...] e però è voce che non mai recitava il Divino Officio: et si non s'impiegava in quello che senza colpa di sacrilegio non poteva omettere, chi vorrà credere che egli in altri spirituali essercitii spendessi mai un momento di tempo?[33]

I risultati di questa relazione e della parallela informativa inviata da Offredo Offredi furono resi pubblici nel corso della "guerra di scritture" da Antonio Possevino nella sua *Risposta di Teodoro Eugenio di Famagosta all'avviso mandato fuori dal signore Antonio Quirino* quando scrisse che Sarpi:

> pochi anni sono fu deferito da monsignor Offredo nunzio apostolico alla Santità di Clemente VIII per andare, sotto pretesto di un'Accademia, nella quale alquanti nobili, co' l segretario Magno e coll'avvocato Marcellino più volte si trovarono, introducendo non solo l'opinione della mortalità dell'anima per via d'Aristotele ma insinuando una proposta per la quale si tentasse che nel Senato passasse la parte che nello studio di Padova non s'ammettesse lettore filosofo il quale non interpretasse Aristotele totalmente a difesa di detto errore; il che (per tacere ciò che per onestà taccio della sua vita) diede occasione al Pontefice di ributtare la dimanda ch'egli procurava d'un vescovato: di che concependo un profondo sdegno, si è finalmente [sc. compreso] che haveva più alta ferita nell'Intelletto, di quel che scopriva. Da quello errore nacque che l'avvocato Marcellino scrisse un libro dell'immortalità dell'anima in lingua italiana, temendo che alcuni di quegli Academici non precipitassero nell'ateismo. Et il detto libro come fu veduto dal padre inquisitore Vignutio et tenuto alquanto tempo nelle mani del Ciotti per istamparlo, non uscì però in luce, morendo frattanto il buon Marcellino et santamente passando a miglior vita.[34]

La denuncia di Possevino offriva alcune prime indicazioni – provenienti anche dall'inquisitore di Venezia, Giovanni Domenico Vignucci da Ravenna – e proponeva alcuni binari lungo i quali far correre l'interpretazione romana delle posizioni assunte da Sarpi.[35] Tale interpretazione può essere così descritta: le posizioni giurisdizionalistiche argomentate negli

33. *Ibidem*.

34. *Risposta di Teodoro Eugenio di Famagosta all'Avviso mandato fuori dal signor Antonio Quirino, senatore veneto. Circa le ragioni che hanno mosso la Santità di Paolo V pontefice a publicare l'Interdetto sopra tutto il Dominio Vinitiano*, in Bologna, nella Stampa Archiepiscopale, 1606, p. 6.

35. Per la nomenclatura delle inquisizioni italiane vedi ora *I giudici della fede. L'Inquisizione romana e i suoi giudici in età moderna*, a cura di Luca Al Sabbagh, Daniele Santarelli, Herman H. Schwedt, Domizia Weber, Edizioni Clori, Firenze 2017: in particolare *Gli inquisitori di Venezia* alle pp. 129-130.

scritti sono la conclusione di una filosofia eterodossa unita a disordinata condotta di vita. È per queste ragioni che Clemente VIII gli ha rifiutato il vescovato al quale aspirava e tale delusione ha condotto il candidato su posizioni di ostilità verso la chiesa.[36]

Una valutazione simile a quella offerta da Possevino era presente anche in altre informazioni raccolte da Scipione Borghese. Il 9 marzo 1607 Mariano Pierbenedetti, cardinale di Camerino, trasmise al cardinal nipote una lettera informativa ricevuta da un anonimo «senatore principalissimo» di Venezia che offriva la propria interpretazione dell'orientamento politico guidato da Leonardo Donà sostenendo che «l'origine del negozio è il capo della compagnia atheista, il fine è d'introdur la libertà de la conscientia. Il capo è disgustato della Chiesa per le cause a bocca dette. Quelli della compagnia sono quasi tutti quelli che trattano il negotio, et sotto la coperta che se gli vuol tuor la libertà persuadono ciò che vogliono al Senato».[37] Nel biglietto di accompagnamento a questa missiva, Pierbenedetti interpretava il testo nel senso che «il capo della compagnia atheista è il Duce e fra Paolo. La compagnia vuole intendere di quell'Academia della quale n'è capo fra Paolo».[38] Pierbenedetti divideva dunque in due teste ciò che il «senatore principalissimo» aveva chiamato «il capo» ma confermava anch'egli la convinzione che attorno a Sarpi si fosse raccolta un'«accademia» volta a discutere temi di filosofia e religione. L'autore della lettera è da identificare, secondo Pietro Savio, in Angelo Badoer che nel dicembre del 1607 fu processato dagli Inquisitori di Stato per essersi incontrato segretamente, nel convento dei Frari, con il nunzio Gessi poco dopo l'arrivo di quest'ultimo a Venezia nel luglio 1607. I tre inquisitori di stato che lo processarono – Leonardo Mocenigo, Marc'Antonio Erizzo e Nicolò Contarini – erano al corrente anche di una lettera trasmessa da Badoer se il 22 dicembre 1607 lo stesso Gessi informava Scipione Borghese

36. Sulla vicenda vedi Pietro Pirri, *Come Paolo Sarpi non fu vescovo di Nona*, in «Civiltà cattolica», 4 (1936), pp. 197-198. Del rifiuto opposto da Clemente VIII al conferimento del vescovato di Nona a Sarpi si parla anche in Micanzio, *Vita del padre Paolo*, p. 1312, e il fatto può essere considerato assodato anche se non nella prospettiva indicata da Possevino: la critica della teologia e i progetti di laicizzazione delle istituzioni politiche veneziane si trovano enunciati negli scritti privati di Sarpi a partire dalla fine degli anni Ottanta del Cinquecento e non hanno dunque una relazione con la delusione ricevuta in merito al vescovato.

37. Frajese, *Visti da Roma*, p. 184.

38. *Ibidem*.

che «sulla causa del Badoaro, oltre lo scritto nella lettera, dirò che si crede che in processo non appariva cosa alcuna d'avvisi dati da lui, ancorché questi signori ne siano in sospeso per avviso avuto dall'ambasciatore che sappiano in Roma molti secreti della Repubblica».[39] In quell'occasione, Badoer fu condannato a un anno di carcere, all'interdizione dagli uffici e al divieto di espatrio. Proseguì tuttavia la sua attività di informatore e nell'aprile fu nuovamente processato dagli Inquisitori di Stato con l'accusa di intelligenza con principi stranieri, vendita di segreti politici e incitazione al sovvertimento della Repubblica. Questa volta, Badoer fuggì da Venezia avviandosi a una vita di agente spagnolo.

La notizia più allarmante giunta in quei mesi sul tavolo del cardinal nipote fu però fornita da un'altra lettera informativa, scritta tra la fine del 1606 e i primi mesi del 1607 sulla base di notizie provenienti «da persona degna di fede et venuta a posta da Venetia», secondo la quale:

> in casa di N. clarissimo e nobile, con l'intervento di un altro nobile N. si sono trovati più volte fra Paolo servita, i doi Fulgentii, bigio et negro, et Giovanni Marsilio, et quivi tra le altre cose hanno trattato, sendovi anco l'arcivescovo di Filadelfia, scismatico, come si potrebbe fare senza il papa, uno patriarca di Venetia a cui tutti li vescovi del dominio veneto che, con quelli delle isole et di Dalmatia, et di Schiavonia, sono cinquanta ubbidissero.[40]

L'informazione riguardava evidentemente il seguito del disegno descritto da Henry Wotton e segnalava un pericolo ribadito anche da Gessi il 24 novembre quando scriveva di temere che della nuova chiesa potesse essere eletto patriarca lo stesso Sarpi.[41] Del resto, il 20 luglio 1606 un'altra informativa avvertiva che Micanzio, «essendo interrogato da certi gentiluomini se chi s'accostasse a' greci potessero [*sic*] esser sicuri di salute, disse di sì».[42]

39. Cit. in Pietro Savio, *Per l'epistolario di Paolo Sarpi*, in «Aevum», 9 (1936), p. 9; per l'inquadramento della vicenda vedi Franco Gaeta, voce *Angelo Badoer*, in *Dizionario biografico degli italiani*, vol. 5, Roma, Istituto dell'Enciclopedia Treccani, 1963, pp. 99-101.

40. Frajese, *Visti da Roma*, p. 186. La lettera è priva di data ma il contesto del codice induce a collocarla nei primi mesi del 1607: alcune carte precedenti recano la data del 20 aprile 1607, la carta 128 è del 6 gennaio 1607. Anche il contenuto della notizia converge con l'informazione data da Wotton nel 1606 riguardo al modo di procedere in caso di scomunica. Il biglietto è stato pubblicato in Savio, *Per l'epistolario di Paolo Sarpi*, in «Aevum», 14 (1936), p. 17.

41. Pietro Savio, *Per l'epistolario di Paolo Sarpi*, in «Aevum», 10 (1936), p. 18.

42. Ivi, p. 20.

Un'altra molto ampia relazione intitolata *Intentione, opinione e dottrina che si dissemina in Venetia*, sosteneva che il disegno di Sarpi e di quella che l'anonimo relatore chiamava la sua «cabala», era di «togliere o sminuire alle Signorie Vostre e alla Santa Sede la reputatione et la potestà per levar sé et li popoli dalla soggettione».[43] Quindi proseguiva scrivendo che, secondo Sarpi, «le cose poi che s'hanno a credere sono tutte espresse o implicite nelle Divine Scritture né vi è bisogno di altra auttorità o dottrina d'huomini». Di conseguenza,

> Maestro Paolo, quanto appartenga alla predicatione, essortava li predicatori a riprendere generalmente et modestamente, persuadendo il ben vivere secondo l'evangelio ma commendare, celebrare et magnificare la fede et fiducia in Cristo, nostro Signore et capo; i meriti del suo sangue, sparso per nostra salute, che lui solo dà et nessuno ce la può dare, né impedire.[44]

Occorreva dunque stampare e diffondere la Bibbia in volgare mentre la preghiera poteva essere tenuta in qualsiasi luogo dato che, così facendo, «vi è meno pericolo d'idolatria o almeno superstitione [che] ponendola in questo et in quell'altro santo e nella lor immagine».[45] Scipione Borghese possedeva poi anche un altro memoriale intitolato *Avvertimenti politici intorno a molte ragioni di fra Paolo Veneto persuase alla Repubblica di Venetia contra gli ecclesiastici* e composto da un suddito veneto che si firmava con lo pseudonimo di Filopoliti. Il memoriale tracciava un profilo positivo di Sarpi e fu rubricato in conseguenza con il titolo *Fra Paolo è tenuto di buona vita dalla sua religione.*[46] E uguali note suonava Gessi nel suo dispaccio del 5 giugno 1608 dove informava il cardinal nipote che, viceversa, il credito di Giovanni Marsilio stava calando. L'anno successivo, il 7 novembre 1609, il nunzio poteva aggiungere che Marsilio viveva con una donna «detta Cicilia», celebrava raramente, «non è in buon concetto» ma molto difeso per motivi politici, frequentava piazza e palazzo e «attende esattamente ad instruire in cose di politica li giovani

43. Frajese, *Visti da Roma*, p. 185. A tergo del documento è segnata la nota «Intentione, opinione e dottrina che si dissemina in Venetia». La relazione si trova trascritta per intero, ma senza delimitazione di inizio e di fine e quindi in maniera inutilizzabile, in Pietro Savio, *Per l'epistolario di Paolo Sarpi*, in «Aevum», 14 (1936), alle pp. 18-22, dove viene attribuita arbitrariamente a Fulgenzio Manfredi.

44. *Ibidem*.

45. *Ibidem*.

46. Ivi, p. 183.

nobili».[47] Di frate Bernardo Giordani, Gessi riferiva che «è maligno et pessimo huomo et co'l mezo della confessione ha nuociuto grandissimamente alle cose di Roma».[48] Di frate Michelangelo Bonicelli sosteneva che «ha per fine il mangiare et bevere bene et si dice che attende alle donne».[49] Di Sarpi invece non riusciva a raccogliere risonanze negative: «solo frate Paolo si mantiene con grande finzione et habilità in ottimo concetto».[50] Mentre accusava questi uomini, però, il nunzio cercava anche di recuperarli esercitando le sue pressioni per ottenere l'abiura delle tesi esposte nei loro scritti e la testimonianza contro i collaboratori. Il metodo era semplice e il fine era di fare terra bruciata attorno a Venezia riaffermando la natura di giudice della Santa Sede. Il primo teologo filoveneziano a cedere fu Marcantonio Capello che, grazie alle metodiche insistenze esercitate da Antonio Possevino, abbandonò Venezia già nel corso dell'Interdetto e il 25 marzo 1607 guadagnò Bologna. Dopo aver abiurato le posizioni assunte in favore di Venezia, il 14 luglio Capello fu ammesso in udienza da Paolo V. Fu poi la volta del frate Fulgenzio Manfredi, facilmente ricattabile per l'abitudine sua di frequentare i bordelli: la pressione di Gessi lo convinse a fuggire da Venezia l'8 agosto 1608 per recarsi a Roma con un salvacondotto fornito dal medesimo nunzio. Giunse quindi il turno di Pietro Antonio Ribetti che il 3 dicembre 1608 fuggì alla volta di Roma dove il Sant'Ufficio pretese una pubblica abiura delle posizioni sostenute nel *Trattato dell'Interdetto della Santità di papa Paolo V*. Anche il laico Gaspare Ventura Lonigo, che aveva scritto un *Consiliuim* sulla controversia tra Roma e Venezia sotto lo pseudonimo di Ventura Vicentino, si pentì e nel marzo 1608 si rivolse al nunzio per ricevere l'assoluzione. Gessi si occupò infine di Bernardo Giordani e al volgere del 1608 gli parve di aver ottenuto la sua abiura segreta ma il 13 dicembre dovette constatare il fallimento dell'operazione e fu anzi da lui denunciato al Senato per le pressioni subite.[51]

Ad arricchire il dossier di Scipione Borghese e del Sant'Ufficio giunsero allora le deposizioni rese dai teologi che avevano defezionato. Il 17 giugno 1607 Marcantonio Capello e, il 4 luglio, il minore osservante Fran-

47. Savio, *Per l'epistolario di Paolo Sarpi*, in «Aevum», 10 (1936), p. 46.

48. *Ibidem*.

49. Ivi, p. 47.

50. Frajese, *Visti da Roma*, p.184.

51. Le vicende dei teologi scesi in difesa della repubblica di Venezia nel corso dell'Interdetto sono state ricostruite in Benzoni, *I teologi minori dell'Interdetto*, p. 35-107.

cesco Panza accusarono Micanzio di aver sostenuto in una sua predica quaresimale posizioni contrarie all'autorità papale e in particolar modo di aver definito la chiesa una congregazione di fedeli priva di un capo visibile. La deposizione resa da Manfredi per ottenere l'assoluzione dalla scomunica era riassunta in un appunto di Paolo V nel seguente modo: Sarpi e il suo allievo Micanzio avevano contatti con l'ambasciatore inglese, tenevano libri proibiti «et vanno poi per le botteghe seminando le loro pestifere dottrine». Sarpi andava diffondendo per le case dei nobili principi calvinisti, voleva far stampare alcuni loro libri in lingua italiana e pensava che l'ufficio andasse recitato in lingua volgare. Infine, Micanzio si preparava a predicare quegli stessi concetti per la prossima Quaresima.[52] La deposizione di Manfredi fu inviata a Gessi che il 3 gennaio 1609 rispose in modo perplesso:

> ho considerato le scritture presentate da fra Fulgentio zoccolante et intorno ad esse mi occorre dire che io non ho mai inteso né credo che questi Signori approvino con autorità publica che si semini tale dottrina [sc. calvinista] fra li venetiani et gli altri catolici che qui sono ma tollerano bene che inglesi e fiamminghi [...] cercano di seminare gli stessi concetti.[53]

Sarebbe occorsa una base solida e questa era difficile «perché [*sc.* Sarpi] tratta secretamente e con persone confitenti; talché il parlarne in Collegio fino a che non si habbi in mano qualche prova certa a me non par cosa sicura».[54] Nel dispaccio del 31 gennaio Gessi aggiungeva però che non c'era speranza di convertire Sarpi e Giovanni Marsilio:

> per questo converria, per giustitia e riputatione, procedere contro essi. Quando ciò succeda, è certo che qui saranno diffesi e favoriti come hora e forse più. Di quel che si debbia, o si possa fare contro la repubblica come fautrice di heretici, dependendo dalla prudenza di Nostro Signore, dalle forze ecclesiastiche, e dalla volontà et interessi de' principi.[55]

La deposizione di Luigi Valeriani

Mentre tra Roma e Venezia correva questa corrispondenza, il 15 gennaio 1609 il sacerdote Luigi Valeriani rese una deposizione a Milano da-

52. Frajese, *Visti da Roma*, p. 186.
53. Savio, *Per l'epistolario di Paolo Sarpi*, in «Aevum», 10 (1936), p. 22.
54. *Ibidem*.
55. Savio, *Per l'epistolario di Paolo Sarpi*, in «Aevum», 16 (1942), p. 11.

vanti all'inquisitore, Michelangelo Seghizzi, e all'arcivescovo Federico Borromeo. Valeriani era un sacerdote passato alla Riforma, divenuto quindi collaboratore di Henry Wotton, e ritornato poi sui suoi passi. Nella sua prima deposizione egli testimoniò che Micanzio continuava ad amministrare la confessione ai penitenti ma usava il sacramento per trasmettere concetti da lui definiti, con evidente approssimazione, come «calvinisti». Al termine della confessione, Micanzio chiedeva al penitente se ritenesse che il sacerdote avesse il potere di rimettere i peccati: qualora il penitente avesse risposto affermativamente, Micanzio dichiarava di non avere questo potere, appartenente solo a Cristo, e aggiungeva che le opere non erano meritorie. Valeriani testimoniò inoltre che Micanzio si rivolgeva in modo particolare al sesso femminile, ritenuto più influenzabile, e che nelle prediche quaresimali di quella primavera 1608 aveva trasmesso copertamente il «calvinismo». Ricevuta questa testimonianza, il Sant'Ufficio avviò una vasta indagine mobilitando tutte le inquisizioni attive sul territorio italiano compresa quella di Venezia che il 24 marzo 1609 raccolse la deposizione di Domenico D'Ancona. In una deposizione resa a Ferrara, Giovan Battista de Nanis testimoniò che, secondo Micanzio, gli articoli da credere andavano cavati dalla sola Scrittura e lo stesso fece Domenico Faerno che il 1° maggio confermò i discorsi di Micanzio relativi al principio della *sola scriptura*. Il 10 maggio, il vicario arciepiscopale di Milano raccolse una seconda e più ampia deposizione di Valeriani il quale spiegava di aver viaggiato per l'Europa e di aver avuto occasione di conoscere le dottrine di Calvino e dei suoi espositori Pietro Martire e Teodoro Beza. L'ambasciatore inglese, Henry Wotton, lo aveva incaricato di tenere i collegamenti con Sarpi e Micanzio e tale incarico gli aveva consentito di entrare nella loro confidenza dall'angolo prospettico dell'ambasciata inglese. Dalle conversazioni intrattenute con i due serviti, Valeriani aveva tratto la conclusione che condividessero la dottrina «calvinista» confortato, in questa sua convinzione, dai libri intravisti nelle loro mani. Una volta che era andato a far visita a Micanzio, aveva visto infatti nella sua cella l'*Insitutio christianae religionis* di Calvino mentre un'altra volta in cui stava di nuovo con Micanzio, aveva visto arrivare un agente inglese con un libro inviato da Giacomo I all'ambasciatore dove si contestavano le prerogative papali. Dalle conversazioni intrattenute con Micanzio emergeva che sentisse male della fede cattolica «et praecipue de confessione sacramentali et de immortalitate animae humanae de quibus dicebat se habere dubitationem».[56]

56. Frajese, *Visti da Roma*, p. 188.

Dopo questa nuova testimonianza, il 18 maggio fu esaminato a Ravenna un certo Cristoforo Zaffiro il quale riferì un discorso intrattenuto con Micanzio nel corso del quale questi aveva sostenuto che, per comprendere la Scrittura, occorreva leggerla senza precostituite interpretazioni dottrinali. L'acquisizione di queste testimonianze indusse il Sant'Ufficio a dare istruzione alle legazioni di Romagna e di Ferrara di inviare dei teologi alle annunciate e attesissime prediche quaresimali di Micanzio al fine di redigerne la censura.[57] Assieme a loro avrebbero dovuto essere presenti tanto il nunzio Berlinghiero Gessi quanto l'inquisitore Giovanni Domenico Vignucci.

Le prediche quaresimali del 1609

I teologi inviati dallo stato pontificio estrassero dalle prediche di Micanzio 31 proposizioni censurate – 16 qualificate come eretiche e 15 come erronee, scismatiche e sospette di eresia – che furono discusse in diverse sedute del Sant'Ufficio nel corso del luglio 1610. Tali censure permettono di avere un quadro delle prediche quaresimali svolte da Micanzio nel corso del marzo-aprile 1609. Non v'è bisogno di spiegare che il quadro così costituito non restituisce l'immagine fedele del discorso ma pone in evidenza soltanto le parti considerate dal Sant'Ufficio come contrastanti con la sua dottrina. Poiché tuttavia il problema di Micanzio e di Sarpi in quegli anni era di limitare l'autorità di Roma nei territori di Venezia e poiché entrambi erano sospettati di «calvinismo», è probabile che le censure del Sant'Ufficio ci mostrino i passaggi più meditati da Micanzio e forniscano il senso effettivo del suo discorso. Più dannoso invece è il fatto che l'ordine per imputazioni non permetta di collocare queste affermazioni nel loro contesto rendendo difficile ricostruire l'ordito logico degli argomenti. Delle prediche svolte da Micanzio a partire dal 4 marzo 1609 possediamo già la relazione inviata da Gessi nei suoi dispacci a Scipione Borghese. Gessi riferiva che il 10 marzo Micanzio aveva parlato «della parola di Dio» dicendo che «Cristo partendo da questo mondo lasciò in terra per suo gerente la sua parola». Proseguiva scrivendo che il giorno successivo egli

57. Per le legazioni e i legati dello stato pontificio vedi *Legati e governatori dello stato pontificio (1550-1809)*, a cura di Christoph Weber, Roma, Ministero per i Beni culturali e ambientali-Ufficio centrale per i Beni archivistici, 1994, pp. 249-257 per Ferrara, e pp. 363-374 per la Romagna.

aveva parlato «assai contro li miracoli che non fossero necessari» e della penitenza dicendo «che la vera penitenza consiste nell'interiore dolore de' suoi peccati». Domenica 15 marzo «si dichiarò che era heresia marcia il dire che si potesse l'huomo salvare con la buona intentione senza l'opere» e il giorno dopo aveva detto «che non negava la confessione et l'authorità del confessore, se bene diceva che pochi la facevano bene». Eppure Gessi aggiungeva che nella terza settimana «predica et essalta grandemente la contritione talché pare che escluda la confessione, sebene poi la nomini assai freddamente. Essalta grandemente la fede nel sangue di Cristo et la gratia di Dio per la salute nostra».[58] Il meno che si possa dire a commento di queste relazioni è che il quadro fornito da Gessi era contraddittorio.

Integriamo allora le relazioni del nunzio con le censure effettuate dai qualificatori che, viceversa, furono presenti a tutte le prediche. Uno dei temi affrontati concerneva il problema di ciò che il cristiano è obbligato a credere. Come già riferito da Gessi, Micanzio sostenne in questa parte che i Vangeli contenevano tutto quel che occorre credere per salvarsi e che il buon cristiano non è obbligato ad altro: non occorreva dunque andar dietro a tante cose ma confidare in Cristo. Il discorso era qui diretto a ridurre gli articoli di fede eliminando tanto le tradizioni quanto le prescrizioni *ex auctoritate ecclesiastica*. Un altro tema toccato da Micanzio riguardava l'obbedienza dovuta all'autorità ecclesiastica e in particolar modo all'autorità pontificia. Egli contestò il concetto di obbedienza cieca e sostenne che il pontefice e le autorità ecclesiastiche non dovevano determinare articoli di rilievo senza il consenso dei fedeli, che i prelati e superiori andavano rispettati ma erano soggetti a passioni e potevano sbagliare, che il capo della chiesa era Cristo e l'unica autorità da lui lasciata quella della Scrittura. Micanzio argomentò a questo riguardo che «a Dio si doveva obbedire assolutamente» ma «alli huomini non si deve obbedire se prima non si ha notitia della cosa che si commanda [...]. L'obedienza del christiano deve essere informata», quindi aggiunse che «si ha da obedire a Dio et poi alla ragione, che non c'è huomo sopra della ragione».[59] Un altro tema toccato da Micanzio fu poi quello della confessione già segnalato dalla denuncia di Valeriani e dalla relazione di Gessi. A questo riguardo, secondo le censure tratte dal Sant'Ufficio, Micanzio sostenne che «non occorre confessarsi nelle Indulgenze et Medaglie ma bisogna haver la conscienza monda et

58. Taucci, *Intorno alle lettere di fra Paolo Sarpi*, pp. 220-221.
59. Frajese, *Visti da Roma*, p. 189.

osservar li peccati di Dio» e che «per la fede di Christo, come per un seme, habbiamo la giustificazione, come dice san Paolo» osservando che «alla penitenza di Giuda non mancò altro che la confidenza in Dio».

Micanzio toccò anche il tema del rapporto tra autorità politica e autorità ecclesiastica. A questo riguardo, egli richiamò il passo canonico di Giovanni, 18, 36 per sostenere che il regno ecclesiastico sia unicamente spirituale, che «alli principi si deve obedire ancorché cattivi et infideli» e che nessun'altra «maggior pazzia si può dire che si trovino persone che non siano soggette a Prencipi». Questa dottrina, già esposta negli scritti a stampa composti durante l'Interdetto, era ornata nel discorso orale da commenti che non si trovano nei testi scritti. Parlando, Micanzio diceva ad esempio che «Christo se bene si dice che era di Nazareth, non era però il padrone di Nazareth» e «che sì come il tempio delli Hebrei ha havuto fine et è stato distrutto perché era fondato in autorità et ambitione, così sarà similmente distrutta la Chiesa per essere fondata in authorità et ambitione, perché li fedeli restano scandalizzati. Che un giorno crescerà tanto il scandalo che sarà distrutta».[60]

Dalle censure risulta dunque evidente che il discorso di Micanzio era diretto in primo luogo a consolidare il potere politico e limitare quello ecclesiastico. Questa limitazione si avvaleva anche di argomenti provenienti dalla teologia riformata ma non consisteva in essa e operava piuttosto nella direzione di limitare gli articoli di fede richiesti ai fedeli e l'obbedienza da prestare all'autorità ecclesiastica. La dottrina *sola fide*, *sola scriptura* e la svalutazione della confessione, che tanto Valeriani quanto i qualificatori del Sant'Ufficio valutarono come calvinista confortati dai fitti contatti tenuti con l'ambasciata inglese e dai libri notati nella cella, erano parte di un'argomentazione più vasta diretta a limitare il potere dell'autorità ecclesiastica e gli obblighi di fede gravanti sui fedeli. Le proposizioni censurate dal Sant'Ufficio ci mostrano in effetti accenti molto distanti dal linguaggio calvinista e consistenti nell' accostare obbedienza a Dio e obbedienza alla ragione. Tutti questi discorsi condotti da Micanzio corrispondono alla dottrina attribuita a Sarpi nel memoriale *Intentione, opinione e dottrina che si dissemina in Venetia* esaminato prima. L'insistenza sul valore della «fede di Christo, [dalla quale] come per un seme, habbiamo la giustificazione, come dice san Paolo» corrisponde a quanto attribuito a Sarpi in quel memoriale.[61]

60. Ivi, p. 190.
61. Vedi *infra*, p. 22.

Per quanto riguarda poi l'accento posto da Micanzio sull'autorità esclusiva della Scrittura, esso corrispondeva, di nuovo, alla raccomandazione attribuita a Sarpi secondo cui «le cose poi che s'hanno a credere sono tutte espresse o implicite nelle Divine Scritture né vi è bisogno di altra auttorità o dottrina d'huomini». Se dunque possiamo credere alla *Intentione, opinione e dottrina che si dissemina in Venetia,* nelle sue prediche quaresimali del 1609 Micanzio applicò scupolosamente le istruzioni ricevute da Sarpi tanto in materia di dottrina quanto in materia di predicazione esplicitandone l'aspetto razionalistico e la finalità complessiva di forte compressione o annullamento della giurisdizione ecclesiastica presente in tutta l'opera di Sarpi. Gli aspetti "calvinisti" notati dagli inglesi Wooton e Bedell e, dietro di loro, da Valeriani, coglievano una parte del discorso isolandola dal suo più vasto contesto diretto a ridurre drasticamente le condizioni di fede e gli obblighi di obbedienza gravanti sul fedele.

I fascicoli contro Sarpi e Micanzio

Il soggiorno romano di Fulgenzio Manfredi volgeva intanto al peggio. Il 6 febbraio 1610 il francescano fu incarcerato a Tor di Nona dal cardinale Vicario per aver «straparlato della persona del papa e d'altri» e una perquisizione portò alla luce il possesso di molti libri proibiti accompagnato da un carteggio con l'Inghilterra volto ad organizzare una fuga in quel paese dove, si affermava, si viveva «con libertà di coscienza». Riconosciuto relapso, Manfredi venne condannato a morte e giustiziato il 5 luglio 1610.[62] L'inquisitore di Venezia, Giovanni Vignucci, commentava l'evento il 17 luglio 1610 scrivendo a Roma: «la nova del castigo di fra Fulgentio da esso tanto meritato, ha dato che ragionare assai et partorirà se non ottimo offitio per discreditare le dottrine che insegnò qua nelle sue predicationi».[63] Il 10 luglio Scipione Borghese inviò a Gessi il fascicolo degli indizi emersi contro Sarpi contenente anche le deposizioni di Valeriani

> onde Nostro Signore vuole che vostra Signoria faccia consideratione sopra ogni cosa e dica il suo parere se fosse bene et con speranza probabile di frutto

62. Roberto Zago, *Fulgenzio Manfredi*, in *Dizionario biografico degli italiani*, vol. 68, Roma, Istituto della Enciclopedia Italiana, 2007, pp. 683-686.
63. AAV, *Borghese*, I, 26, f. 225r.

il procedere contra di lui per via del Santo Offitio poiché c'è campo pur troppo largo di farlo senza toccare le materie dell'Interdetto.[64]

Borghese capiva dunque il punto debole dell'operazione condotta da Roma quando aveva citato i teologi veneti davanti al Sant'Ufficio per gli scritti da loro composti in difesa di Venezia: capiva cioè che aver usato il tribunale di fede nel corso di una contesa giurisdizionale collocava tale tribunale nella posizione di un giudice di parte animato da desiderio di vendetta contro un avversario politico. Gessi rispose il 17 luglio che gli imputati erano certo empi ma che un processo sarebbe stato pericoloso perché essi non sarebbero comparsi e se fossero stati «condannati et abbruciati in statua» i veneziani li avrebbero mantenuti al loro posto iniziando «a parlar di luogo sicuro et di giudici non sospetti». Il 31 luglio, Gessi tornò sull'argomento con maggiore larghezza. Qualora il papa avesse voluto mandare avanti il processo contro Sarpi e Marsilio, egli avanzava i suoi dubbi «intorno all'esecuzione della sentenza». Non discuteva la giustezza del processo ma il consenso di Venezia che non ci sarebbe stato: «frate Paolo è in sì gran concetto, non solo di valore ma anco di bontà ch'è un stupore. Molti tanto lo lodano et ammirano che dicono esser un santo per l'apparenza di non voler denari e cose simili».[65] Per sondare il consenso della città sarebbe stato dunque più opportuno proporre in maniera interlocutoria il caso di Giovanni Marsilio onde saggiare la reazione relativa agli altri. Gessi inoltre giudicava sfavorevole anche la congiuntura politica che sarebbe rimasta tale fino a quando fossero restati in Senato Nicolò Contarini e Francesco Priuli.

Il Memoriale *di Graziani*

Per trovare la «prova certa» chiesta da Gessi al fine di istruire un convincente processo di fede, Scipione Borghese maturò l'idea di inviare a Venezia un proprio agente in grado di introdursi con facilità nel convento di Santa Maria dei Servi. La scelta cadde sopra Giovan Francesco Graziani, un frate servita proveniente dal convento perugino di Santa Maria Nuova il quale, tra fine 1608 e inizio 1609, ricevette incarico da un familiare del cardinale, frate Bernardo Rocci, anch'egli proveniente dai serviti perugini,

64. Savio, *Per l'epistolario di Paolo Sarpi*, in «Aevum», 10 (1936), pp. 54-57.
65. Frajese, *Visti da Roma*, p. 193.

di raccogliere informazioni e scritture di Paolo Sarpi da sottoporre all'esame del Sant'Ufficio. Come appartenente all'ordine dei Servi, Graziani conosceva l'ambiente del convento ed era quindi la persona più idonea per svolgere l'incarico. Forse da subito o forse a partire da un certo momento, la sua missione cambiò natura e divenne quella di uccidere. Graziani si trovava allora presso il convento dei serviti di Padova e si recò presso il convento veneziano di Santa Maria dei Servi dove avvicinò il segretario di Sarpi, Antonio Bonfini da Viterbo, al quale chiese di avere qualche scrittura del consultore *in iure*. Bonfini gli permise di copiare qualche carta di una scrittura appartenente a Sarpi, promise di fornirgli degli autografi e trattò l'assassinio del suo maestro, prima col veleno e poi per mezzo di due sicari da introdurre nel convento. Scoperto e arrestato nel marzo del 1609, Graziani fu condannato a una pena mite: un anno di carcere da scontare nelle carceri nuove «delli Capi».[66] Quando tornò in libertà, forse con qualche anticipo grazie a una «supplicuccia» indirizzata al Consiglio dei Dieci, scelse di rientrare nel territorio pontificio dove tuttavia ebbe da rendere conto del fallimento della propria missione e di una probabile collaborazione con le autorità veneziane. Perché aveva ricevuto una pena mite? Cosa aveva raccontato nel corso del processo? Quali nomi aveva fatto? Questi interrogativi dovevano preoccupare tanto il papa quanto il cardinal nipote e trovarono risposta in un *Memoriale* da lui indirizzato allo stesso Paolo V.

Quel che abbiamo chiamato e continueremo a chiamare il *Memoriale* a Paolo V di Giovan Francesco Graziani è costituito da una scrittura priva di titolo e di data, ma munita di nome d'autore e di destinatario, custodita presso la British Library alla segnatura *Additional Manuscripts 6877*. Il manoscritto è formato da quaderni di varie dimensioni giustapposti tra loro a formare un volume ora rilegato in cartone e segnato sul dorso «Binda papers vol. V». Il volume fu acquisito dal British Museum nel 1828 come parte di una *Collection of Letters and Papers, chiefly Originals, lettered "Binda Papers", purchased of the Chevalier Binda in 1816.*[67] Esso contie-

66. Alla vicenda accennano Arabella Georgina Campbell, *The Life of Fra Paolo Sarpi Theologian and Consultor of State to the Most Serene Republic of Venice and Author of the History of the Council of Trient*, London, Molini and Green, 1869, pp. 183-187; e Carlo Pio De Magistris, *Per la storia del componimento della contesa tra la Repubblica di Venezia e Paolo V (1605-1607), Documenti*, Torino, tip. G. Anfossi, 1941, pp. 321-324.

67. British Library London (BLL), *Catalogue of the Additional Manuscripts 6666-10018* acquisiti nel periodo 1828-1835: descrive brevemente gli *Addional Manuscripts* 6873-6877 come *A Collection of Letters and Papers, chiefly Originals, lettered "Binda*

ne un testo indirizzato da Graziani a Paolo V in una data da collocare tra fine 1610 e 1611. Il testo è diretto a illustrare al papa le iniziative intraprese a Venezia nell'inverno 1608-1609 dall'autore dello scritto e le vicende che lo hanno condotto alla carcerazione, ma prosegue poi con una relazione delle informazioni, delle dicerie e dei pettegolezzi raccolti nella città lagunare intorno a Paolo Sarpi, al suo collaboratore Fulgenzio Micanzio e al suo segretario Antonio Bonfini. Lo scritto dovrebbe trovarsi quindi tra le carte Borghese e si trova invece alla British Library in un fondo raccolto dal cavalier Giuseppe Binda. Non abbiamo informazioni dirette sul percorso compiuto dal *Memoriale* da Roma a Londra ma il suo contesto è chiaro abbastanza per non lasciare rilevanti zone d'ombra.

Giuseppe Binda

Nato a Lucca nel 1786, Giuseppe Binda si addottorò in diritto e divenne prima auditore e poi Sostituto Procuratore presso il tribunale della prima Corte d'Appello di Roma, dove visse stabilmente tra 1809 e 1814.[68] Nella città dei papi intrattenne fitte relazioni con il mondo nobiliare e strinse amicizia, tra gli altri, con Evasio Gozzani di San Giorgio che lo introdusse nella biblioteca della famiglia Borghese da lui frequentata con una certa assiduità.[69] Uomo colto animato da interessi antiquari, Binda acquistò in diverse occasioni incunaboli e libri rari come, ad esempio, l'edizione della *Naturalis Historia* di Plinio curata da Arnold Pannartz nel 1473, ottenuta in cambio di una serie di tomi stampati di Antonino Valsecchi.[70] Avendo operato come agente di Gioacchino Murat nel suo tentativo di formare una monarchia nel Mezzogiorno, Binda dovette riparare a Londra dove divenne bibliotecario di Holland House, dimora di Henry Richard Vassal

Papers", purchased of the Chevalier Binda, in 1816, ed entrata tutta insieme in un lotto di cinque volumi.

68. Adriano Amendola, *Diario di una spia. Giuseppe Binda tra Canova e Napoleone*, Milano, Skira, 2022, pp. 9-11.

69. Adriano Amendola, *Roma 1810. Giuseppe Binda in visita allo studio di Antonio Canova*, in «Ricerche di storia dell'arte», 135 (2021), pp. 49-58, p. 53. La biblioteca Borghese fu posta in vendita nel 1891-1892 per volere di Paolo Borghese: vedi Flavia Cristiano, *Biblioteche private e antiquariato librario*, in *Biblioteche nobiliari e circolazione del libro tra Settecento e Ottocento*, a cura di Gianfranco Tortorelli, Bologna, Pendragon, 2002, pp. 77-116.

70. Informazioni ricevute da Adriano Amendola che ringrazio.

Fox, terzo barone di Holland e uomo politico di orientamento *whig*. In quegli anni Richard Vassal Fox aveva reso Holland House il centro di un importante salotto di indirizzo liberale e Binda contribuì a costruire la sua biblioteca annodando al contempo rapporti con i più importanti scrittori di quegli anni tra i quali Ugo Foscolo.

Date queste circostanze, la conclusione più probabile è che il *Memoriale* scritto da Graziani si trovasse nella biblioteca Borghese e sia stato acquistato o scambiato da Binda grazie all'amicizia stabilita con Evasio Gozzani di San Giorgio. Quando poi dovette rifugiarsi a Londra dopo il fallimento del progetto murattiano, Binda portò con sé il patrimonio documentario e librario raccolto in Italia. Possiamo immaginare l'effetto suscitato sull'avventuroso patriota lucchese da un memoriale che conteneva intrigo, denuncia e segreti su Paolo Sarpi e sulla stagione più conflittuale vissuta dai rapporti tra chiesa di Roma e repubblica di Venezia. Sarpi era allora un eroe del mondo liberale inglese e le informazioni su di lui suscitavano vivo interesse nei circoli *whig* della capitale britannica anche se il genere di notizie contenute nello scritto di Graziani doveva suonare scarsamente attraente e poco idoneo a promuovere la sua immagine presso l'opinione protestante inglese.[71] Ed è questo probabilmente il motivo dello scarso interesse prestato a questo scritto nel secolo seguente.[72]

71. Per la fortuna di Sarpi nel mondo *whig* inglese vedi Eloise Davies, *The English Sarpi and the Glorious Revolution*, in *Paolo Sarpi tra Italia e Inghilterra*, a cura di Vittorio Frajese, in «Bruniana et Campanelliana», 29, (2023), 1, pp. 169-182.

72. Per quanto ne sappiamo, il testo fu segnalato solo nel 1967 da Boris Ulianich, *Paolo Sarpi, il generale Ferrari e l'ordine dei serviti durante le controversie veneto-pontificie*, in *Studi in onore di Alberto Pincherle*, Roma, Edizioni dell'Ateneo, 1967, vol. II, p. 589, dove il memoriale è così valutato: «per quanto concerne le notizie su fra Paolo e fra Fulgenzio, bisogna dire che esse sono nauseanti: si tratta di calunnie sul piano morale per lo meno atroci»; sulla stessa linea Id., *Le Epistole paoline nel pensiero e nelle opere di fra Paolo Sarpi*, in *Ripensando Paolo Sarpi*, a cura di Corrado Pin, Venezia, Ateneo Veneto, 2006. Ulianich selezionò quindi le informazioni presenti nel memoriale utilizzando soltanto quelle "non nauseanti" relative alla partenza di Micanzio da Bologna. Il *Memoriale* restò ignoto a Gaetano Cozzi e probabilmente anche a Frances Yates mentre è stato utilizzato da David Wootton nel suo libro su Sarpi che, al contrario, è partito proprio dalle informazioni contenute in questo documento, David Wootton, *Paolo Sarpi. Between Renaissance and Enlightenment*, Cambridge, Cambridge University Press, 1983, pp. 138-139; il documento non si trova citato invece in Frances A. Yates, *Paolo Sarpi's History of the Council of Trient*, in «Journal of the Warburg and Courtauld Institutes», 7 (1944), pp. 123-143. La scarsa incidenza dello studio di Wootton sulla ricerca italiana può essere riscontrata in Pin, *Introdu-*

La scorrettezza politica e la mancanza di funzionalità a ogni possibile strategia di immagine è la caratteristica prima di questa scrittura animata da autentico odio e volontà distruttiva nei confronti di Paolo Sarpi e di Fulgenzio Micanzio da parte di un uomo che, non essendo riuscito a uccidere con il veleno e con il coltello, prova a uccidere con la parola. L'errore da non compiere, tuttavia, nel leggere le pagine di Graziani è di dichiarare loro guerra investendo di un generalizzato sdegno e di un facile scetticismo la sua scrittura. Quel che ci occorre invece è comprendere i caratteri distintivi di questo scritto per discernervi il vero dal falso, il probabile dall'impossibile, al fine di far progredire le nostre conoscenze su Paolo Sarpi, Fulgenzio Micanzio e la stagione del conflitto romano-veneto. Quest'opera è resa in buona parte possibile dall'esistenza di altre fonti di conoscenza sui fatti esposti nel *Memoriale*. Il tentato omicidio fu infatti narrato anche da Fulgenzio Micanzio nella sua *Vita del padre Paolo* – stampata nel 1646 ma circolante in forma manoscritta già negli anni precedenti – mentre il processo che ne seguì lasciò laconiche ma importanti tracce nei registri del Consiglio dei Dieci.[73] D'altra parte, le informazioni relative alle idee coltivate e alla politica perseguita da Sarpi e da Micanzio possono essere poste a confronto con gli scritti privati e pubblici lasciati dai due consultori *in iure*, dai loro carteggi e dalle informazioni sul loro operato accumulate a Roma e passate in rassegna nelle pagine precedenti. Anche se non ci consente di chiarire tutti i fatti esposti nel *Memoriale*, il riscontro con queste fonti ci permette di fare luce sui suoi passaggi più importanti.

L'attentato

La scrittura di Giovan Francesco Graziani è, nella sua motivazione di fondo, una memoria difensiva indirizzata a Paolo V per rendere conto del completo fallimento della sua missione. Il fatto che si trovasse nella biblioteca della famiglia Borghese indica che essa fu effettivamente consegnata e verisimilmente letta dal papa o da qualche suo segretario che

zione a Paolo Sarpi, *Consulti*, vol, I, t. I, p. 85, dove, nonostante la vasta informazione complessiva, la trama organizzata da Graziani viene collocata tra gli «attentati veri o presunti».

73. Per le vicende del manoscritto della *Vita del padre Paolo* vedi ora Giuseppe Trebbi, *Paolo Sarpi, Fulgenzio Micanzio, John Milton e il* Penseroso. *Lineamenti di una ricerca*, in *Paolo Sarpi tra Italia e Inghilterra*, pp. 125-144.

gliene fece relazione. La circostanza è rilevante perché significa che, a partire al più tardi dal 1611, Paolo V, i suoi collaboratori e probabilmente i cardinali del Sant'Ufficio acquisirono le notizie contenute nel *Memoriale*. Il fatto che la scrittura non si trovasse nell'archivio del Sant'Ufficio non è, a questo riguardo, di grande rilievo dal momento che molto materiale processuale contro Sarpi e Micanzio si trova ora tra le carte Borghese depositate presso l'Archivio Segreto Vaticano – come continuo a chiamarlo non essendo interessato a operazioni di *restyling* – così da non consentire di stabilire quale uso sia stato fatto di questo materiale. Quel che si può dire è che la «corte di Roma», come la chiamava Sarpi, acquisì le notizie presenti nel *Memoriale*.

Come mostrano i richiami posti nel manoscritto a margine dei fogli e collocati da Elena Sofia Guglielmo a capo di altrettanti capitoli, il testo si presenta già narrato in terza persona come avventura occorsa a Giovan Francesco Graziani. E se la mano che scrive è quella dell'autore, come congetturato dall'editrice, egli si sarebbe già autorappresentato come protagonista di un romanzo esposto nel memoriale difensivo come peripezia accaduta al personaggio di sé stesso. Non possedendo autografi di Graziani, non possiamo escludere che il testo conservato alla British Library sia copia di amanuense ma, sia che la mano appartenga all'autore sia che appartenga al copista, quando arriva sul tavolo di Paolo V è già letteratura. Nel suo scritto, Giovan Francesco espone infatti le vicende occorse al personaggio di sé stesso minimizzando le sue responsabilità nel fallimento della missione, nel tentato omicidio e nelle confessioni seguite alla cattura. E persegue questo obbiettivo scaricando su Antonio Bonfini la responsabilità sia del tentato omicidio sia della confessione resa nel corso del processo. Proviamo allora a seguire la sua ricostruzione dei fatti discernendo, per quanto possibile, le informazioni attendibili da quelle false.

Come s'è visto, per compiere la propria missione, Graziani si è recato presso il convento dei Servi di Venezia dove ha avvicinato il giovane segretario di Sarpi, Antonio Bonfini. L'operazione è stata agevole grazie alla precedente conoscenza fatta dai due al tempo del noviziato. Bonfini accoglie nella sua cella Graziani che la ispeziona e vi trova la traduzione italiana della *Confession de foi des Eglises réformées de France*, da poco inviata da Groslot de l'Isle.[74] Ne invia il titolo e qualche foglio copiato

74. Paolo Sarpi, *Lettere ai protestanti*, t. I, a cura di Manlio Duilio Busnelli, Bari, Laterza, 1931, p. 65 (Lettera del 17 febbraio 1609 a Groslot de l'Isle): vedi *infra*, p. 62, nota 3.

all'agente di collegamento con Scipione Borghese, Bernardo Rocci, «avisandolo c'havevo pigliato nella tavola di fra Antonio alcune scritture che contenevano cose perniciose avisandolo che frat'Antonio mi haveva dato parola di copiarmi il sopra nominato libro». Dopo qualche tempo

> io hebbi resposta di Roma che quelli fogli erano stati grati e che gli haveva havuti in mano Vostra Santità et che dovessi usar ogni cura e diligenza di procurar di haver qualche foglio di mano di maestro Paolo per che son molto desiderati et bramati et che io in questi negotii non dormi per che il negozio importa assai.

Torna quindi da Bonfini e gli trasmette la richiesta proveniente da Roma promettendo denari, in piccola parte anticipati, e dignità in cambio della sua collaborazione. Bonfini «me rispose che lui l'haverebbe fatto anzi, di più: vedrò di torgli tutte le scritture». Graziani invita Bonfini a defezionare e questi gli risponde di averci pensato ma di avere scartato l'ipotesi per essere ormai troppo compromesso come segretario di Sarpi.

Fino a questo punto il racconto di Graziani non offre occasioni di dubbio ed è confermato da Fulgenzio Micanzio quando afferma, nella sua *Vita del padre Paolo*, di aver notato i traffici intrattenuti in convento da Bonfini con Graziani e di averne, assieme a Sarpi, chiesto conto allo scrivano che si è giustificato sostenendo di tenerli «per cavargli [*sc.* a Graziani] una buona bocconata de' soldi».[75] Nella sua ricostruzione dei fatti, Micanzio difende Bonfini per motivi non facili da decifrare e ne minimizza le responsabilità definendolo «più semplice che malizioso» ma, come vedremo appresso, questa interpretazione della personalità dell'amanuense di Sarpi è a dir poco inadeguata e certamente reticente perché il *Memoriale* testimonia con ampiezza di dettagli una collaborazione molto vasta con Graziani e un'opera di delazione che danneggiò a fondo il consultore *in iure*.

Arrivato a questo punto della sua esposizione, Graziani attribuisce a Bonfini l'idea di uccidere Sarpi con il veleno e sostiene che di questo il giovane frate abbia scritto a Roma una lettera talmente esplicita da indurre Graziani stesso a farla riscrivere. Dopo aver fatto redigere la seconda e più accorta versione della lettera, Graziani se ne sarebbe fatto consegnare da Bonfini la versione imprudente allo scopo di distruggerla ma poi, invece di distruggerla, l'avrebbe slealmente conservata tra le proprie carte nel convento di Padova così precostituendo una provvidenziale prova delle

75. Micanzio, *Vita del padre Paolo,* p. 1362.

responsabilità del segretario-scrivano usata poi a propria difesa nel corso del processo. Interrogato intorno alla proposta formulata da Bonfini di avvelenare Sarpi e, con l'occasione, Micanzio, l'agente di collegamento con Scipione Borghese, Bernardo Rocci, avrebbe risposto «che gli haveva resposto il signor cardinal Lanfranco [sc. Margotti] che l'intentione di Vostra Santità era che s'attendesse a procurare le scritture con ogni cura et sollecitudine et che non si dovesse attendere ad altro».[76] Dunque, *Roma locuta*, il cardinale Lanfranco Margotti avrebbe mandato a dire che Paolo V scoraggiava l'omicidio e chiedeva soltanto il furto di autografi incriminanti. Il successivo calco in cera della chiave della cella occupata da Sarpi sarebbe un'idea innocente avanzata da Graziani al fine di rendere più spedito il furto dei manoscritti:

> giudicai fra me stesso, per fare riuscire il negotio con più comodita et securezza, di far sì che fra Antonio pigliasse l'impianto delle chiave delle camere di maestro Paolo et di questo mio pensiero ne scrissi a Roma et mi venne resposta che questa sarebbe stata la strada più facile et più secura.

Tutta questa parte della narrazione di Graziani è poco convincente. Per quanto incline al doppiogioco, è improbabile che il segretario di Sarpi, invitato a rubare, abbia contro-proposto di uccidere. Inoltre, per quanto ingenuo – e tutto il *Memoriale* mostra che non lo era – difficilmente Bonfini avrebbe scritto a Roma una lettera diretta a chiedere il veleno in modo esplicito e, per quanto sciocco, difficilmente l'avrebbe consegnata a Graziani affinché la distruggesse. Come qualsiasi persona di buon senso, l'avrebbe distrutta lui stesso. Inoltre, nella *Vita del padre Paolo* Micanzio afferma che la congiura fu scoperta perché a Graziani, in visita al convento veneziano dei Servi, caddero di tasca alcune lettere rimaste attaccate alla cera destinata al calco della chiave.[77] Le lettere furono trovate dal sacrestano filo-sarpiano fra Valentino da Venezia e furono da lui consegnate a Sarpi e Micanzio che rapidamente compresero il pericolo incombente. Anche Graziani parla delle lettere e dichiara che erano rimaste attaccate alla cera con un filo – «et havuto compagnia de un nostro frate, me ne andai a Venetia et portai la cera già preparata. Et a quella cera, con un spaghetto, v'erano rivolte due lettere che io haveva ricevute di Roma, le quali contenevano che io sollecitasse quelle scritture

76. *Infra*, p. 68.
77. Micanzio, *Vita del padre Paolo*, p. 1362.

et non li nominava particolare alcuno né di chi fossero queste scritture» – ma omette di dire che gli caddero di tasca e le fa ricomparire nelle mani degli Inquisitori di stato senza spiegare come vi fossero arrivate. Omette cioè di confessare a Paolo V di essere il responsabile unico del fallimento della missione per una madornale trascuratezza commessa con il farsi cadere di tasca un carteggio pericolosissimo con Roma.

L'idea poi di accelerare il furto degli scritti incriminanti penetrando furtivamente nella cella di Sarpi grazie a una copia della chiave non persuade. Certo, la notizia relativa alla cella serrata ci informa dell'esistenza di accorgimenti che certamente esistevano, soprattutto dopo l'attentato del 5 ottobre 1607 sul ponte di Santa Fosca, e mostra come Sarpi proteggesse il segreto dei propri scritti anche dall'occhio del suo inaffidabile segretario. Tuttavia, Micanzio scrive chiaramente che il calco della chiave serviva per introdurre dei sicari e la sua versione appare più verisimile dell'altra perché, in fondo, più rispondente allo stesso racconto di Graziani: è infatti logico pensare che, rivelatasi impervia la via del veleno, il progetto di uccidere non si sia arrestato ma sia proseguito in altre forme. Il tentativo di omicidio fu dunque proposto da Graziani e approvato da Roma; e questo è in effetti quanto indicato dallo stesso Graziani quando informa Paolo V di non aver ricevuto da lui nessuna lettera contenente approvazione dell'omicidio ma di averne al contrario ricevuta una di opposto avviso. La precisazione suonerebbe infatti inutile se un tale via libera non fosse stato dato da qualcuno. D'altra parte, Graziani dichiara esplicitamente di aver ricevuto da Roma approvazione al progetto di trarre il calco della chiave così da rendere confessione – se si conviene con la più probabile versione di Micanzio – dell'autorizzazione ricevuta non soltanto all'omicidio ma anche alla sua particolare attuazione a mezzo sicari.

In questa curiosa scrittura nella quale l'esecutore dice al mandante ciò che questi gli abbia o non gli abbia ordinato, il medesimo esecutore prosegue sollevando sé stesso dalla responsabilità nella confessione resa ai Dieci nel corso del processo seguito all'arresto per attribuirla, anche in questo caso, a Bonfini. Per sostenere questa sua tesi Graziani organizza la sequenza degli eventi nel seguente modo: dapprima egli è stato messo a confronto con Bonfini il quale ha dichiarato:

> questo padre [*sc.* Graziani] mi mostrò molte lettere di Roma di fra Bernardo che contenevano questo che io dirò: che questo padre me dovesse persuadere che di ordine del papa et del Cardinal Borghese io dovessi dare il veleno al

maestro Paolo et che questo padre me l'haverebbe dato più <affinché> io gle ne dessi; et che, se glene havessi dato, saressimo stati tutti doi Cardinali; et che ci saressimo posto una corona in testa.

Bonfini accuserebbe quindi sfacciatamente papa e cardinal nipote di tentato omicidio ma Graziani gagliardamente li difenderebbe. Dopo questo confronto nel quale nomi tanto importanti sono ormai venuti fuori per opera di Bonfini, Graziani, rimasto fino a quel momento ostinatamente silenzioso, verrebbe posto di fronte al «beneficio dell'alternativa» tra morte e confessione. Si ricorderebbe allora delle lettere conservate nel monastero, tra le quali anche quella contenente la prima versione autografa della lettera "esplicita" scritta da Bonfini a Roma per chiedere il veleno assieme all'altra contenente la risposta di Rocci relativa all'ordine papale di rubare gli autografi ma non uccidere. Le lettere accuserebbero dunque Bonfini e scagionerebbero il destinatario del *Memoriale*, Paolo V, dall'accusa di aver ordinato un omicidio:

> La sera poi Dio benedetto me fece venire in memoria tutte le lettere, che io havevo havute da fra Antonio da Venetia et in particolare quella prima lettera, che lui scriveva a Roma in materia che lui era autore di voler dare il veleno a maestro Paolo et che di Roma a questa sua lettera era venuto resposta che non volevano che si tentasse simil cosa ma che se attendesse a provare di havere le scritture; dove che fra me stesso dissi: questi me fanno morire per questo, che io d'ordine del Sommo Pontefice et del Cardinal Borghese habbi procurato la morte a maestro Paolo et morendo moro con questo biasimo et il papa resta machiato nel'honore, il che è falso, dove che manifestando queste lettere raquisto l'honore del Papa, del Cardinal Borghese et la mia vita; et faccio cognoscere che questi signori son mali aministratori di giustitia et che giudicano per passione; faccio cognoscere fra Antonio per un scelerato et un huomo diabolico et che lui è autore di voler dare la morte a maestro Paolo. Et così stetti tutta la notte senza mai dormire in questi pensieri.
> Pensai anco in questo per che il contenuto di quelle lettere ero necessito di nominare la Santità Vostra in materia che desiderava le scritture di maestro Paolo et fra me stesso dicevo: questo non gli apporta biasimo anzi è debito suo di procurare di havere le scritture delli nemici della Sedia Apostolica.[78]

In conclusione, la confessione di Graziani sarebbe servita a difendere Paolo V dalle infamanti accuse mosse contro di lui da Bonfini. Certo, in questo modo sarebbe rimasto documentato un ordine di furto ma, a ben

78. *Infra*, pp. 80-81.

pensare, non è il papa il supremo giudice delle scritture? Non è il sovrano detentore del potere di censura? Quindi egli non ha fatto altro che esercitare una propria prerogativa e anzi compiere un proprio dovere.

Questa storia non è verisimile e il registro del Consiglio dei Dieci mostra che è falsa. Secondo quanto annotato nel registro criminale dello stesso Consiglio, il primo a essere processato fu Graziani il quale tenne un atteggiamento evasivo e reticente. Spazientito, il Consiglio dei Dieci, espulsi i papalisti, decretò in data il 16 marzo 1609:

> che passati tre giorni, 'l sia mandato ad anegare secondo l'ordinario, sì che resti somerso et afogato. Ma se in termine di essi tre giorni el dirà et confessarà tutti li particolari del trattato che si machinava contra la persona del Padre Maestro Paolo de' Servi, sì che se ne sappia tutto l'intiero delle persone, del tempo, del modo et di tutti gli altri particolari et conosciuto che si sia con due terzi delle ballotte di questo Consiglio che l'abbia meritato questo benefitio resti libero dalla morte; et sia confinato a star in una prigion serrata di là da canale alla luce per anno uno continuo, il qual finito sia fatto condurre alli confini dello stato et resti perpetuamente bandito da questa città di Venetia et del dogado et di tutte le altre città, terre e luoghi del dominio nostro, terrestri et marittimi, navili armati et disarmati.[79]

Spirati i tre giorni concessi per la confessione, in data 20 marzo il Consiglio di Dieci prese atto che «per le cose dette et lette a questo Consiglio di quanto ha esposto fra Giovan Francesco Gratiani baccellier da Perugia dell'ordine de' Servi, sia dichiarato ch'esso Giovan Francesco Gratiani habbia meritato il beneficio dell'alternativa della sententia contra di lui fatta»[80] e lo condannò alla pena di un anno di prigione:

> ma sia la presente deliberatione tenuta secreta, senza darne alcuna notitia al detto fra' Giovan Francesco né ad altri per otto giorni; et sia fra tanto per gli Inquisitori nostri di Stato constituito fra Antonio da Viterbo dell'ordine de' Servi sopra l'imputatione datali di essere stato auttore e complice della machinatione di dar la morte al padre Maestro Paolo per via di veleno o in altra maniera et sopra altre imputationi contenute nel processo hora letto et debbano assicurarsi della persona sua fino a che intorno ad esso possa da questo consiglio esser deliberato quanto sarà conveniente.[81]

79. Archivio di Stato di Venezia (d'ora in poi ASVen), *Consiglio dei Dieci*, Criminali, *Registro,* 26, 1609, ff. 59r-v.
80. Ivi, f. 60r.
81. Ivi, f. 60r-v.

I Dieci tennero segreto lo sconto di pena per 8 giorni al fine di assicurarsi la persona di Bonfini che venne arrestato nei due giorni successivi.[82] Il 23 marzo in Consiglio dei Dieci decise:

> che sia confirmata la retentione di fra' Antonio Bonfini da Viterbo dell'ordine de' Servi trattenuto dagli Inquisitori di Stato conforme alla deliberation di questo Consiglio de' X et sia admesso alli Inquisitori predetti et Avogador Foscarini.[83]

Dunque: tra 20 e 22 marzo Bonfini venne arrestato dietro denuncia di Graziani. Il 27 marzo il medesimo Consiglio intimò le difese a Bonfini e discusse l'eventualità di un confronto tra i due frati.[84] Il 22 aprile i Dieci diedero mandato agli Inquisitori di stato di procedere contro Bonfini.[85] Il 4 maggio, in seduta congiunta, gli Inquisitori di stato Andrea Contarini e Giacomo Corner, i membri del Collegio ordinario Costantino Renier, Cristoforo Valier, Andrea Contarini, Z. Maria Boldi e i membri straordinari Andrea Manetto, Nicolò Bragadin, Giacomo Corner, Zuanne Basadonna «voleno ch 'l sia confinato anni dui continui in una delle prigioni di là da Canal serrato». Qualora il detenuto fosse fuggito sarebbe stato bandito in perpetuo «et finito 'l tempo degli anni dui di prigion sia et s'intenda bandito in perpetuo, come di sopra in tutto et per tutto».[86]

Questo significa che prima fu celebrato il processo contro Graziani e fu da lui resa piena confessione e poi, sulla base delle sue deposizioni, venne arrestato e processato Bonfini. I tre giorni concessi a Graziani per confessare corsero tra il 17 e il 20 marzo e quindi prima dell'arresto di Bonfini e del confronto tra i due che si svolse dopo il 27 marzo. Graziani inverte la successione degli eventi per presentare la propria confessione e la rivelazione delle lettere come un rimedio alle accuse già mosse da Bonfini contro Paolo V e Scipione Borghese. Invece la sua confessione avvenne prima del faccia a faccia con il segretario di Sarpi e fu giudicata esauriente

82. Ivi, f. 60v: il 23 marzo il Consiglio dei Dieci delibera «che sia confirmata la retentione di fra' Antonio Bonfini da Viterbo dell'ordine de' Servi trattenuto dagli Inquisitori di Stato conforme alla deliberation di questo Consiglio de' X et sia admesso alli Inquisitori predetti et Avogador Foscarini».

83. *Ibidem*.

84. Ivi, f. 61r.

85. Ivi, f. 66v. Nel 1797 era ancora esistente il processo custodito dagli Inquisitori di Stato: vedi Pin, *Introduzione* a Sarpi, *Consulti*, p. 85.

86. ASVen, *Consiglio dei Dieci*, Criminali, *Registro*, 26, 1609, ff. 71r-v.

dai giudici: segno che fu soddisfacente e completa. Nella *Vita del padre Paolo*, Micanzio scrive che le lettere trovate dietro indicazione di Graziani nella cella del convento dei Serviti contenevano le cifre del carteggio e, con esse, i dettagli del tentato omicidio.[87] Dopo aver esposto i diversi piani per uccidere Sarpi tramite accoltellamento – un colpo di rasoio – avvelenamento e infine introduzione di sicari nella cella, Micanzio descrive nel seguente modo la trattativa intercorsa tra Graziani e il Consiglio dei Dieci:

> L'eccellentissimo consiglio de' Dieci, <il quale> desiderava intensamente sapere il fondo di questa trattazione, e tutte le particolarità distinte, venne in una sentenza, che fra Giovanni Francesco fosse impiccato per la gola, con questa alternativa che, se in alcuni prefissi giorni di tempo revelasse tutto il trattato con la piena esposizione e giustificazione delle lettere, dopo essere stato un anno in carcere, restasse con perpetuo bando dal serenissimo dominio, con pena capitale se contravenisse, et egli ricercò che si mandasse publico ministro in Padova nella sua camera, ove in certo secreto furono trovate lettere in gran copia, con cifre e contracifre, per le quali restò chiaramente giustificato il sopra narrato, con qualche cose appresso non publicate, né venute a mia notizia nel particolare.[88]

Questa versione – presentata in un testo a stampa destinato a essere letto anche da persone informate dei fatti sebbene a più di trent'anni di distanza – corrisponde alla cronologia offerta dal registro del Consiglio dei Dieci e risulta dunque più attendibile del racconto interessato presentato da Graziani alla segreteria papale che non ha modo alcuno di controllarne l'attendibilità. Dopo aver fallito la missione, Graziani confessò tutto per avere salva la vita e dovette poi intorbidare le acque per evitare un severo castigo da parte dei suoi mandanti.

Sarpi e Micanzio

Nella seconda parte del suo scritto Graziani espone notizie, voci e dicerie raccolte su Paolo Sarpi, Fulgenzio Micanzio e Antonio Bonfini. «Nessuno è un grand'uomo per il proprio cameriere»: bisogna ricordare questa massima hegeliana quando si leggono le pagine del *Memoriale* indirizzato a Paolo V. Il punto di vista della quotidianità banalizza e rimpic-

87. Micanzio, *Vita del padre Paolo*, pp. 1363-1364.
88. Ivi, p. 1364.

ciolisce l'individuo e lo fa tanto più profondamente se deformato dall'odio. Guardare qualcuno sotto le lenzuola o nella sala da bagno è il modo più semplice e più volgare per denigrarlo ed è precisamente il metodo usato in questa parte del *Memoriale*. Di Sarpi, Graziani dice che frequenta adunanze segrete, è ateo ed è omosessuale. Di Micanzio parla come di un ingegno brillante condotto dal maestro sulla via del dubbio e della critica. È stato amante di Sarpi in gioventù e ora si accompagna con un bel frate di nome Giulio mentre il maestro cerca Bonfini. Sarpi intrattiene fitte relazioni con i riformati e in particolare con gli inglesi:

> fra Antonio mi disse, che venivano persone a posta d'Inghilterra, di Germania et di Francia solamente per ragionar con lui; et che in quelli paesi era stimatissimo et tenuto per il maggior huomo c'habbi hoggidi il mondo; che le genti dell'Ambasciatore de Inghilterra venivano spesso a trattar con lui alla stretta.

Graziani comunica dunque a Paolo V notizie che in ambiente romano suonano allarmanti: non tanto quella relativa all'omosessualità, molto diffusa in quell'età e condivisa dallo stesso Scipione Borghese, quanto le altre relative all'ateismo e ai contatti con i calvinisti d'Europa. Si tratta in effetti di notizie che, come s'è visto, affollavano già gli scrittoi del papa e del cardinal nipote tanto riguardo ai contatti con i calvinisti e con l'ambasciata inglese quanto in materia di ateismo.[89] Quindici anni dopo, il 29 novembre 1625, il Sant'Ufficio avrebbe raccolto la testimonianza del portoghese João Ribeiro il quale confessò di aver creduto «per lo spacio di 12 ore» alla mortalità dell'anima sotto l'influenza di alcune conversazioni intrattenute con Ludovico Zuccolo:

> e così per lo spacio di 12 hore io credei che veramente l'anima nostra fosse mortale, tra me dicendo che l'anima nostra moriva con il corpo: ma non fui mosso da altra ragione che dall'haver fatto riflessione a quello che m'haveva detto il detto Zuccoli parlando di fra Paolo servita veneziano, cioè che egli era ateista, e che Venetia era piena d'huomini di quella setta, e che maggior numero ve n'era in Roma, e che ve ne stavano anche in Fiorenza, ma più di ogni altro luogo regnava in Lucca et in Germania et Francia.[90]

89. Benrath, *Neue Briefe von Paolo Sarpi (1608-1616)*, pp. 6-16; Taucci, *Intorno alle lettere di fra Paolo Sarpi ad Antonio Foscarini*, p. 201; Ord Smith, *Venice and Roma in the Address and Dispatches of Sir Henry Wotton*, pp. 3-22; Villani, «*Amaestrare i fanciulli*»?, pp. 131-136; Id., *Uno scisma mancato*. pp. 63-111.

90. Carlo Ginzburg, *Una testimonianza inedita su Ludovico Zuccolo*, in «Rivista storica italiana», 79 (1967), pp. 1126-1127; la testimonianza di Monteiro è stata da me

Graziani riassume la strategia di Sarpi dicendo che «maestro Paolo vede che, essendo lui Atheista et che con questa opinione non può fare molto danno alla Chiesa, favorisce per sdegno che tiene con la Chiesa et mette inanzi la setta di Calvino». Come s'è visto, una formulazione del genere coglie qualcosa ma la rappresenta in forma immiserita quando individua il movente di Sarpi nella volontà di danneggiare la chiesa romana. Le sue finalità erano di altro tenore ma Graziani non era interessato a comprenderle e, quando le incontrava enunciate da qualche sarpiano, le riferiva come scandalose bestemmie:

> Fra Agostino de' Servi da Verona, della setta di fra Paolo che nel anno dell'interdetto predicava in Vicenza et era imitatore nel dir male della Santità Vostra come quel frate Fulgentio de' Zocholi [Manfredi] che è stato abrugiato [...] doppo l'advento venne a Padova et la sera, quando andava a letto, venendo lui a ragionamento con un frate chiamato Ioseppe da Vicenza, disse questo frate Ioseppe ad un certo proposito: io ho la liberta della natura. Et questo fra Agostino che tornava da Venezia rispose: et io ho la libertà della coscienza.[91]

Ma del resto, non possiamo pretendere che l'assassino si sforzi di capire le ragioni della sua vittima. Neppure la notizia relativa all'omosessualità giungeva nuova in curia dal momento che a essa facevano riferimento tanto la relazione *de vita et moribus* quanto il *pamphlet* di Antonio Possevino.[92] Risulta infatti chiaro che con l'espressione «per tacere ciò che per onestà taccio della sua vita», il gesuita voleva alludere, in modo oscuro e ricattatorio, all'omosessualità del consultore *in iure*. L'indole di quest'ultimo è inoltre descritta anche da Micanzio in un testo difensivo quale la *Vita del padre Paolo* là dove illustra la formazione giovanile del maestro ricordando la sua distanza dagli altri novizi che lo chiamavano «la sposa»:

> nella religione de' Servi (ché neanco tra religiosi, massime tra la gioventù, sempre si sta in norma, né coll'arco teso) al comparire di fra Paolo tutti si componevano, riducendosi al serio, dando bando sino alla giovialità et ai giuochi, come se la sola sua presenza fosse la verga censoria et essempio vivo

discussa in Vittorio Frajese, *La politica di Ludovico Zoccolo e l'ambiente sarpiano. Contributo all'interpretazione di testi pubblici dissimulati*, in «Il Pensiero Politico», n. 2, 1995, pp. 151-177.

91. *Infra*, p. 97.

92. Vedi *supra*, pp. 18-19.

molto più efficace d'ogni altro; et era fatto come proverbio al suo comparire: «E' qua la sposa, mutiamo proposito».[93]

Dopo aver dichiarato a chiare lettere l'inclinazione del maestro, Fulgenzio presenta le sue controdeduzioni e, descrivendo i rapporti intrattenuti da Scipione Borghese con Bernardo Rocci, annota che:

> nel tempo ch'l cardinale Borghese, mentre il zio non era ancora asceso al ponteficato, studiava in Perugia, s'insinuò nella sua grazia et amicitia un fra Bernardo perugino dell'ordine de' Servi, e per certi servizii giovanili prestati al cardinale, ch'esso ancora era giovinetto né abborriva da' gusti ordinari dell'età, venne in tal intrinsichezza, che poi, fatto cardinale, lo fece andar a Roma per riconoscerlo di gradi et emolumenti. Fosse il frate invitante o invitato, questo sfugge alla mia cognizione.[94]

Dopo aver concesso, Micanzio chiama dunque in causa il mandante del tentato omicidio. Il fatto è che, nonostante la virulenza delle notizie trasmesse da Graziani, il tema dell'omosessualità era tanto delicato e la sua pratica tanto diffusa da consigliare prudenza anche ai mandanti romani i quali infatti non inserirono l'addebito nei fascicoli accusatori raccolti contro i due teologi veneziani.[95]

D'altra parte, diversi amici e corrispondenti di Sarpi erano omosessuali. Oltre alla consuetudine giovanile con il segretario del cardinale Ercole Gonzaga, Camillo Olivo, ripetutamente accusato di omosessualità da Pier Paolo Vergerio e dal canonico mantovano Antonio Cerruti, Sarpi frequen-

93. Micanzio, *Vita del padre Paolo*, p. 1285; l'osservazione è di Wootton, *Paolo Sarpi*, p. 139. Giuseppe Trebbi ha suggerito che il titolo del poema di Milton, *Il penseroso*, sia ispirato alla descrizione di Sarpi offerta dalla *Vita del padre Paolo* (p. 1277) come di uomo caratterizzato da un «sembiante sempre penseroso e piuttosto malinconico che serio, un silenzio quasi continuato». La figura di Melanconia ritratta come «a pensive Nun, devout and pure» potrebbe ispirarsi ancora a Sarpi traducendo nell'inglese *pensive* l'italiano *penseroso* e volgendo al femminile l'identità monastica di Sarpi sulla scorta del passaggio di Micanzio: vedi Giuseppe Trebbi, *Milton, Paolo Sarpi and il Penseroso. Lineamenti di una ricerca*, in «Bruniana et Campanelliana», 29 (2023), 1, pp. 125-143, https://www.academia.edu/16295570/Milton_Paolo_Sarpi_and_Il_penseroso. L'ipotesi, seducente, deve risolvere però il problema posto dalle date dal momento che la stesura del poema di Milton viene generalmente datata al 1631 mentre la biografia di Micanzio apparve nel 1646. Se confermata, l'ipotesi mostrerebbe quanto bene i lettori della *Vita del padre Paolo* cogliessero il significato del dettaglio in essa presente.

94. Micanzio, *Vita del padre Paolo*, p. 1361.

95. Frajese, *Visti da Roma*, pp. 173-201.

tò i Pinelli di Padova e Giacomo Badoer, celebrato omosessuale parigino figlio di un mercante calvinista di origine veneziana, il quale, tra 1597 e 1599, si recò a studiare in Padova e in Venezia dove ebbe occasione di conoscerlo.[96] Il 30 marzo 1609, una settimana dopo l'arresto di Bonfini e tre giorni dopo il suo rinvio a giudizio, Sarpi scrisse a Badoer una lettera che si apre con un'allusione alla necessità di medicare i mali dell'animo:[97]

> Ogni ragion vuole che Vostra Signoria attendi a questa primavera a ricuperar la sua sanità, il che le riuscirà operando con pazienza. È necessario persuadersi che in medicare le parti interne convenga operare in molto tempo, mettendo il suo animo in pace et ostinandosi con il male. Una medicina che possi far tal opera in poco tempo, supera le forze et guarisce il male con perdita de la vita. Non mi par di vedere Vostra Signoria troppo inclinata a questa pratica: pur bisogna risolversene.[98]

Sarpi sta dicendo a Badoer che questi soffre un male delle «parti interne», riferimento forse a quel che nei *Pensieri medico-morali* viene definito un «male dell'animo», curabile solo con una perseveranza costante nel corso del tempo perché un rimedio applicato in maniera troppo brusca rischierebbe di ucciderlo. Aggiunge che Badoer non mostra intenzione di

96. Per la consuetudine con Camillo Olivo vedi Micanzio, *Vita del padre Paolo*, p. 1281; per le accuse di omosessualità sul conto di Olivo vedi Giuseppe Trebbi, *Camillo Olivo*, in *Dizionario biografico degli italiani*, vol. 79, Roma, Istituto dell'Enciclopedia Treccani, 2013, p. 268. Giacomo Badoer nacque a Parigi da mercante passato al calvinismo e finito in rovina in seguito alla strage avviata la notte di San Bartolomeo e proseguita per le due settimane successive. Tra 1597 e 1599, Giacomo studiò a Padova e a Venezia dove conobbe Sarpi e verso la fine del 1599 si convertì al cattolicesimo entrando in contatto con Enrico IV che lo usò per diverse missioni diplomatiche. Tra 1607 e 1609 ritornò sia a Padova sia a Venezia, dove tornò a incontrare Sarpi, e nell'agosto del 1609 fu inviato a Clèves per svolgere una missione presso il conte di Neuburg. A partire dal 1609, entrò in stretta relazione con il nunzio a Parigi, monsignor Roberto Ubaldini, al quale trasmise informazioni ricevute da Sarpi nelle sue lettere. Su di lui vedi Wootton, *Paolo Sarpi*, pp. 128-131 e 139; e Boris Ulianich, *Giacomo Badoer*, in Dizionario Biografico degli Italiani, vol. 5, Roma, Istituto della Enciclopedia Italiana, 1963, pp. 115-117, il quale segnala un'informativa di Ubaldini conservata in AAV, *Borghese*, 11, 48, f. 417.

97. La denuncia di Francesco Graziani contro Antonio Bonfini è del 20 marzo 1609. Il 27 marzo gli Inquisitori di Stato decisero di non sottoporlo a tortura e di rimettere la pena di morte a Francesco Graziani in cambio della sua collaborazione. Il 4 maggio infine venne presa la decisione di convertire la pena di morte contro frate Antonio in due anni di esilio: vedi Wootton, *Paolo Sarpi*, p. 174.

98. Sarpi, *Lettere ai Gallicani*, a cura di B. Ulianich, Wiesbaden, Steiner Verlag, 1961, p. 179.

sottoporsi a un tale trattamento: a lui, la cura di quel male non interessa ma Sarpi insiste che «bisogna risolversene». Alla fine della sua lettera, lamenta la propria solitudine e manifesta un desiderio di morte:

> Per dire a Vostra Signoria alcuna cosa anco di me, prima che metter fine a questa, mi ritrovo così sacio della vita, che argomento esser tempo di lasciarla. Ho affatto abbandonato tutte le speranze, et veggo con esperienza, che esse sole sostentano la vita, et quell'antico detto è verissimo, *Iustus ex fide sua vivet*. Le speranze sono le coperte, con quali li dei ascondono la felicità che è nella morte. Sapperei volentieri quel che è di monsignor Filippo di Neuburg, et con chi persone Vostra Signoria trattiene la sua vita; se ella vuol sapere l'istesso di me, bisogna che le dica che con nissuno. Son così solitario che temo, vivendo più a longo, farmi melanconico, et per tanto un altro, et entro nelli discorsi di Socrate che sii una gran ventura lasciar la vita in tempo.[99]

Queste righe ci mostrano gli effetti suscitati nell'animo di Sarpi dalla carcerazione di Bonfini e sono effetti di desolata solitudine e desiderio di morte. La sua dipendenza dal segretario doveva essere molto alta e questo pone il problema dei suoi rapporti con l'amanuense che il *Memoriale* rivela caratterizzati da insondabile ambivalenza e torbidezza. Con una disponibilità difficilmente circoscrivibile al desiderio di denaro, Bonfini discusse con Graziani l'uccisione di Sarpi, ne trattò con i suoi nemici romani spingendosi fino a prendere il calco della chiave della sua cella e rese ampia delazione di contatti politici e discorsi eterodossi aggiungendovi dettagli intimi della sua vita privata. Se non uccise con il veleno, Bonfini uccise con la parola danneggiando a fondo il suo maestro sia davanti all'Inquisizione romana sia davanti agli amici veneziani ed è certo che le sue delazioni, finite sul tavolo del Consiglio dei Dieci attraverso gli appunti presi da Graziani, indebolirono l'influenza di Sarpi sul governo della repubblica. È possibile che, alla fine, Bonfini abbia tradito Graziani consentendone la cattura ma questo secondo tradimento denota la sua leggerezza più che la sua lealtà. Alla fine, Bonfini ricevette una pena maggiore di quella subita da Graziani e questo rende improbabile la versione minimizzante offerta da Micanzio.

Nonostante questo disastro, tanto Graziani quanto Micanzio testimoniano che Sarpi implorò la salvezza di Bonfini. Anzi, secondo Micanzio, perorò anche quella di Graziani affermando di non essere tanto attaccato alla vita da voler essere causa della morte di qualcuno. Può darsi che egli fosse un santo ma sembra probabile che Bonfini esercitasse su di lui un'at-

99. Ivi, p. 180.

trazione non scalfita neppure dal tradimento e dal tentato omicidio. Il racconto di Graziani sulle vicende accadute a Bonfini dopo la scarcerazione lascia intravedere la sagoma di un giovane smaliziato che può aver manipolato a fondo il cuore del suo maestro inducendolo a proseguire il suo atteggiamento protettivo anche dopo l'attentato. Cosa questo possa significare è difficile dire ma resta evidente che, quando il rapporto tra due persone assume questa forma, delazione, irrisione, tradimento, morte, conseguono effetti completamente diversi da quelli prodotti nei rapporti comuni.

I pettegolezzi scandalistici sulla sessualità di Sarpi sono improbabili e contrastano non soltanto con la sua costante abitudine al segreto, testimoniata dallo stesso Graziani, ma anche con le condizioni del convento di Santa Maria dei Servi, allora abitato da una fazione anti-sarpiana che avrebbe tratto facile giovamento da comportamenti imprudenti. Qui sembra che l'inarrestabile voyeurismo del servita perugino abbia trovato la sua dimensione fantastica e che, su questo tema, la volgarità stia tutta nella sua penna. La maggiore concisione delle notizie relative a Fulgenzio Micanzio deriva probabilmente da una effettiva minore esposizione del suo pensiero e della sua parola, limitati, in sostanza, ai dubbi sull'attendibilità del racconto biblico. Dal *Memoriale* Micanzio emerge come un allievo di Sarpi ma meno caratterizzato sul piano del pensiero anche se più deciso su quello dell'azione. Infine, della finale epopea blasfema e incestuosa di imprecisati patrizi veneziani e del nuovamente libero Bonfini sorprende soprattutto che possa essere finita in una scrittura destinata al papa.

L'aggrovigliata e contraddittoria ricostruzione offerta da Graziani sulla missione svolta a Venezia dovette convincere poco Paolo V mentre lo scandalizzato pettegolezzo in materia di omosessualità dovette suscitare effetti controproducenti in un ambiente segnato dalla difficile gestione dell'amore di Scipione Borghese per Stefano Pignatelli.[100] Nel suo *Dizionario di erudizione storico ecclesiastica* Gaetano Moroni annota che l'ascendente esercitato da Pignatelli sul cardinal nipote suscitò «l'invidia e gelosia de' cortigiani» i quali lanciarono «contro di lui maligne e velenose calunnie e provocarono cardinali e ambasciatori per rappresentare al papa essere Stefano pieno di detestabili vizi e per l'onore del nipote doversi onninamente allontanare».[101] Paolo V prestò ascolto ai clamori e allontanò

100. Gaetano Moroni, *Dizionario di erudizione storico-ecclesiastica*, vol. LIII, Venetia, dalla Tipografia Emiliana, 1851, p. 50.

101. *Ibidem*.

Pignatelli dal tetto del cardinale provocando in lui uno stato depressivo sanato soltanto dal ritorno dell'amico. Stefano percorse allora una fortunata carriera ecclesiastica che lo condusse fino alla dignità cardinalizia, ottenuta nel 1621 e accolta da una feroce pasquinata diretta a porre in rilievo la natura di «cinedo» propria del nuovo cardinale. In questo contesto, è probabile che la diceria riferita nel *Memoriale* abbia suscitato imbarazzo più che indignazione.

Per quanto ne sappiamo, Graziani non fu punito ma non fece carriera. I registri dell'ordine dei Servi di Maria danno notizia di un suo baccalaureato, preso in occasione del capitolo della provincia romana celebrato in Orvieto il 2 luglio 1604,[102] e del grado di *magister* in teologia, conseguito tra il 10 e il 12 giugno 1612 nel corso del capitolo generale tenutosi a Roma.[103] Annotano inoltre che nel capitolo della provincia romana tenuto a Perugia il 22 aprile 1619 il «pater magister Ioannes Franciscus Peruginus» fu nominato confessore delle monache di Santa Caterina di Portaria, nei pressi di Acquasparta, e che due anni dopo fu eletto priore del piccolo convento di Valentano nella provincia di Viterbo.[104] Saggiamente, i suoi mandanti lo relegarono in piccoli conventi di provincia dove concluse la propria vita in un decoroso confinamento.

Il significato di un documento

Il turbine pettegolo di Giovan Francesco Graziani ci consegna alcune informazioni di rilievo. In primo luogo, chiarisce il *plot* del secondo attentato alla vita di Sarpi narrato da Fulgenzio Micanzio nella *Vita del padre Paolo.*

102. Archivio Generale Ordine dei Servi di Maria (AGOSM), *Registrum Provinciae romanae 1577-1628*, 161, *Acta in Capitulo Provinciae Romanae. In Civitate Urbis Veteris celebrati, die 2 Iulii 1604, in Convento nostro Servorum*, f. 99v: si decreta che il nuovo baccelliere debba recitare due volte al mese l'orazione latina davanti al reggente e a tutti i membri dello studio; vedi pure Pacifico M. Branchesi, *Paolo Sarpi prima della vita pubblica*, in *Ripensando Paolo Sarpi*, pp. 45-73.

103. AGOSM, *Registro del priore generale Deodato Ducci da Sansepolcro, Reg. PP. Gen. Flor.*, 50, ff. 84r-89v: il giorno 10 furono assegnati i "punti" per l'esame; il giorno 12 fu comunicato il voto ottenuto (7 su 9).

104. AGOSM, *Registrum provinciae Romanae 1577-1628*, 161, f. 158r (nomina a confessore delle monache); f. 167r (nomina a priore del convento di Valentano); f. 174v (conferma nella carica di Priore del convento di Valentano in occasione della riunione del capitolo tenuta nel convento di san Marcello in data 2 maggio 1622).

Ne emergono con evidenza le responsabilità di Antonio Bonfini, i suoi rapporti complicatissimi con Sarpi e, soprattutto, lo scopo primario di rubare gli autografi sarpiani posseduto dalla missione promossa da Scipione Borghese. Era, questo, un aspetto del tutto assente dal racconto di Micanzio che integra il carteggio intercorso tra segreteria di stato vaticana e nunziatura a Venezia in merito all'opportunità di istruire un processo testimoniando l'incalzante sforzo compiuto a Roma per procurare prove incriminanti. Per la seconda volta, Scipione Borghese pose la sua mano sulla spalla di Sarpi e questa volta rovistò nel suo scrittoio in cerca di autografi prima di tentare la via del pugnale. La vicenda deve essere tenuta in considerazione quando si valuta il significato delle copie "originali" degli scritti esoterici che, per quanto ne sappiamo, sono del successore di Bonfini, Marco Fanzano. Molto ci sfugge dei rapporti tra Sarpi e Bonfini ma tutta la vicenda narrata da Graziani mostra nel giovane amanuense una persona inaffidabile legata da rapporti insondabili con il suo maestro il quale, forse, non gli affidava lavoro di copia di testi processabili. Un fatto emerge infatti evidente: al contrario di Fulgenzio Micanzio, che era un allievo di Sarpi e condivideva in larga parte le sue idee, Bonfini era privo di dimensione culturale ed era quindi inadatto a un lavoro di copia di testi caratterizzati da rilievo filosofico eterodosso. Gli scritti di Sarpi noti a Bonfini sono così descritti nel *Memoriale*:

> Di poi così domesticamente gli dimandai [*sc.* a Bonfini] che cosa scrivea maestro Paolo et che contenevano le sue scritture. Lui me disse che maestro Paolo in quelle sue scritture ragionava et trattava di molte cose, ma che in particolare il suo scopo principale era di dare addosso alli pontefici Romani, et che dimostra che tutti li inconvenienti e li danni che son nati nella Chiesa son venuti per causa loro, et di ciò ne adduceva molti esempi et che in questo particolare diceva di gran cose in lor danno et biasimo.[105]

Questa descrizione può corrispondere al contenuto dei consulti o dell'*Istoria dell'Interdetto* ma è molto distante dagli scritti filosofici privati. Ciò tuttavia non significa necessariamente che non fossero stati scritti in tutto o in parte: significa piuttosto che non venivano dati a Bonfini perché il copista è un complice e Bonfini non lo era. Del resto, nei giorni concitati del tentato omicidio poterono accadere fatti a noi ignoti come la distruzione o il trasferimento di manoscritti compromettenti. Non ne sappiamo abbastanza ma il fatto che l'Inquisizione sia arrivata tanto vicino alle carte di Sarpi non può aver mancato di avere effetti sulla sua scrittura. Quando

105. *Infra*, p. 63.

diciamo che censura e inquisizione incisero in profondità sia sulla dimensione materiale sia sullo stile dei manoscritti filosofici sarpiani, enunciamo un'evidenza resa tangibile dal *Memoriale*.

Le notizie trasmesse da Graziani a Paolo V possono servire da cornice ai suoi scritti ma non devono sostituirli perché Sarpi fu un filosofo, divenuto poi giurista e storico, che espose il proprio pensiero in maniera concettualmente elaborata in testi manoscritti. Non possiamo sapere cosa egli abbia detto su Francesco d'Assisi nel corso di un'accalorata discussione sulla realtà dei miracoli ma possiamo dire che su questi argomenti noi possediamo il suo pensiero formato nel saggio manoscritto oggi noto come *Pensieri sulla religione* e non abbiamo dunque bisogno di spezzoni di frase origliati di Bonfini e malevolmente trascritti da Graziani. Colto in analoga dimensione orale, Campanella diceva a proposito dei miracoli:

> che questo lo raccontano gli discepoli di Christo et non gli altri historiografi. Disse anche che Christo fu robato et non resuscito et che questo è costume di legislatori di non lasciar trovare i loro corpi, come fece Mosè et Pitagora et altri così fece Christo.[106]

Percepire il movimento del disincanto in frammenti orali riassunti con intento ostile da un assassino non serve a capire un filosofo che quello stesso disincanto ha esposto in maniera formata. Questi frammenti orali riferiti da Bonfini e immiseriti da Graziani possono essere inventati o possono costituire lacerti di un discorso più ampio intercettato, nella migliore delle ipotesi, nel corso di una polemica verbale. In entrambi i casi essi non sostituiscono l'espressione scritta, in forma segreta, del pensiero che è l'unica certa e dotata di rilievo. Chi vuole conoscere le idee sulla religione del più importante storico italiano del Seicento può rivolgersi ai suoi *Pensieri sulla religione* dove le troverà esposte in maniera chiara e concettualmente articolata. E chi vuole conoscere le sue idee su ciò che è benefico e ciò che è dannoso nell'uso dei piaceri può leggere il saggio noto come *Pensieri medico-morali* dove le troverà esposte con una franchezza concettualmente elaborata. La caratteristica che distingue Sarpi dai suoi avversari romani sta infatti nell'aver condotto a forma di concetto l'esperienza vissuta tanto in campo politico quanto in campo privato. Per questo motivo, va letto nei suoi scritti e non origliato in incerti bisbigli.

106. Luigi Amabile, *Fra Tommaso Campanella. La sua congiura, i suoi processi e la sua pazzia*, Napoli, Morano, 1882, vol. III, p. 201.

Giovan Francesco Graziani

Memoriale a Paolo V

a cura di Elena Sofia Guglielmo

Nota filologica

Il resoconto di Giovan Francesco Graziani è oggi parte della vasta collezione di documenti della British Library, dove è segnato come *Additional Manuscript 6788*. Il manoscritto è un codice cartaceo composto da 37 carte compilate, sia *recto* che *verso*, e numerate, nell'angolo destro superiore del *recto* di ogni carta, dalla stessa mano che redige il testo.

Il testimone è scritto in corsiva italica, elegante nell'introduzione e meno curata nel testo restante: presenta svariate cancellature ed aggiunte, apportate sempre dalla stessa mano, oltre ad una scrittura a tratti rapida e trasandata. Pur presumendo che la mano sia quella dell'autore del testo, il Servo di Maria Giovan Francesco Graziani, non avendo altri documenti di sua mano ci è impossibile verificarlo.

L'*Additional manuscript 6788* arriva alla British Library dopo essere passato per la Holland House una volta acquistato dal bibliotecario murattiano, il cavalier Giuseppe Binda, a cui lord Holland offrì ospitalità. Il documento viene acquisito come parte di una serie di testi miscellanei che, prendendo il nome dall'ultimo acquirente, sono denominati "Binda papers". La scarsità di notizie riguardanti l'*Additional manuscript* e l'attuale mancanza di copie rendono il documento impossibile da datare con certezza, sebbene si possa supporre che, in caso si trattasse dell'originale scritto da Graziani, sarebbe da collocare fra il 1610 (quando Graziani viene bandito da Venezia) e il 1621 (morte di Paolo V, destinatario del documento).

Ad inizio testimone si trova un paragrafo introduttivo, redatto in una scrittura corsiva italica elegante e curata, che recita:

Jesus Maria
Acciò che la Santità Vostra, beatissimo padre, abbia, in quel meglior modo che io co' le mie deboli forze potrò, il più compito e minuto raguaglio che

possibil siasi del caso occorso intorno alla mia persona in Venetia, come anco dell'attioni pessime de fra Paolo, de fra Fulgentio de' servi (uno di quelli sette teologi), de frat'Antonio da Viterbo (secretario di fra Paolo), como anco delle pessime attioni de Nobili: il tutto si esporrà da me, fra Giovanni Francesco dell'ordine de' servi da Perugia, humilissimo et obedientissimo figliolo della Santità vostra, puramente come si conviene, essendo ch'a piedi vostri non lice esporsi se non la pura e mera verità.

Il testo si conclude con un paragrafo separato in un corsivo più sciatto e sbrigativo:

Io fra Giovan Francesco Gratiani, de' servi da Perugia: humilissimo, Devotissimo et obedientissimo figliolo della Santità vostra, ho esposto quanto in questi fogli si contiene per verità.

Graziani stesso divide in sezioni il resoconto, in modo da rendere più fruibili le informazioni al suo interno, dando titoli espliciti alle parti di testo, troviamo:

La prima parte (priva di titolo)

Si tratta della parte di testo più importante, in cui Graziani riporta gli avvenimenti che dal suo arrivo a Venezia nell'autunno del 1608 lo portano all'incarcerazione nel marzo 1609: il servita riporta del momento in cui gli venne affidata la missione da frate Bernardo da Perugia (per conto di Scipione Borghese), del coinvolgimento di frate Antonio Bonfini in questa, della denuncia e del processo in cui confessò l'implicazione della curia romana, e della commutazione della pena di morte in un anno di prigionia seguito dal bando a vita dai domini veneziani.

Vita et costumi di fra Paolo de' servi da Venetia da foglio 20r

Con questa sezione iniziano i capitoli dedicati alle accuse contro Sarpi e due dei suoi collaboratori più stretti (Fulgenzio Micanzio e Antonio Bonfini). Il testo raccoglie ed elenca le accuse, fra cui quella di ateismo, di omosessualità, di collaborazione attiva per portare il protestantesimo a Venezia, frequentazioni e contatti con nobili e intellettuali protestanti.

Vita di fra Fulgentio de' servi scholaro di fra Paolo uno di quelli setti Theologi da foglio 22v

Le accuse a Fulgenzio Micanzio vengono raccolte sia dal soggiorno a Venezia che dalla precedente convivenza di Graziani e Micanzio nello stesso monastero a Bologna; si parla degli insegnamenti eterodossi che impartiva nello *studium* di Bologna, delle scandalose prediche fatte a Venezia nel periodo di prigionia di Graziani, delle sue relazioni e rapporti omosessuali, delle parole dispregiative nei confronti del papa e dello spostamento da Bologna a Venezia per l'inizio del conflitto dell'Interdetto.

Vita et costumi di fra Antonio de' servi da Viterbo secretario di fra Paolo de' servi da Venetia da foglio 25v

Graziani denuncia in questa sezione il vorace appetito sessuale di Bonfini (che lo portava ad avere frequenti rapporti con prostitute), la sua eretica convinzione riguardo la mortalità dell'anima, la vita mondana e dissoluta dopo il bando da Venezia, la sua avidità di denaro (che Graziani indica come motivazione della sua collaborazione con lui) e riporta le notizie arrivategli riguardo la sua carcerazione dopo aver violato il bando da Venezia.

Vita et costumi et attioni pessime de Nobili Vinitiani salvando l'honore de buoni da foglio 29r

Questa ultima sezione presenta svariate accuse alla nobiltà veneziana: dalle frequentazioni con i vari prostituti in attività all'impiccagione di un prete senza degradazione, dai rapporti incestuosi alle violenze sessuali ai danni di ragazze povere. Si parla di come i nobili seguano gli insegnamenti di padre Paolo e di come una parte del patriziato sia invece ancora rispettosa del pontefice. Graziani chiude il capitolo e il testo raccontando della sua scarcerazione e del rientro a Roma.

Sono presenti anche dei *notabilia*, posti al lato sinistro del testo, che riassumono ed esplicitano il contenuto delle vicende riportare in quella parte di racconto; i *notabilia* sono presenti in quasi ogni pagina del testo (fanno eccezione i fogli 12r, 18r, 19r, 21r, 22r, 23v, 24r, 29r, 33r-v, 35v, 37r-v) e sembrano inseriti per aiutare il lettore a rintracciare in fretta le informazioni contenute. Tali *notabilia* parlano di Graziani in terza persona singolare, ma vengono inserite dalla stessa mano che scrive il testo principale.

Nella presente edizione i *notabilia* sono stati posti come titoli alle varie sezioni del testo (data la loro natura riassuntiva e la funzione di facilitare la lettura), invece che come note a margine, segnalando la collocazione originale con il simbolo [^] nel punto in cui iniziava la frase del testo principale dove si trovava collocato.

L'originaria divisione del testo nei diversi fogli è segnalata apponendo nella trascrizione, fra parentesi quadre, "f." seguito dal numero del foglio;

si rimane così fedeli al testimone in cui ad essere contrassegnato con il numero (in alto a destra) è unicamente il lato *recto* di ogni foglio.

La presente edizione propone una trascrizione diplomatica intesa a rendere il testo più fedele possibile all'originale assicurandone la leggibilità. Le principali modifiche apportate al manoscritto sono quelle riguardanti la punteggiatura e gli accenti (che sono stati modernizzati), lo scioglimento delle lettere circonflesse e delle abbreviazioni:

- p.re = padre
- Ill.mo = Illustrissimo
- S.tà = Santità
- V.ra = Vostra
- m.ro = maestro
- ecc.mi = eccellentissimi
- sig.re = signore
- ss.ri/sig.ri = signori
- ser.ma = serenissima
- s.a = santa
- B.ta = Beata
- Gio = Giovan
- Fra = Francesco

Autorialità e datazione

In assenza di riscontri che permettano di attribuire con certezza a Giovan Francesco Graziani la mano che scrive il testo, può essere utile analizzare le cancellature e le aggiunte apportate durante la redazione del testo. Le imprecisioni e ripensamenti possono portarci a ipotizzare che il testo sia autografo e redatto con una certa urgenza. A suggerire che il testo sia di mano del suo protagonista, Giovan Francesco Graziani, è *in primis* una sezione di testo aggiunta in modo evidente dopo aver terminato di scrivere la pagina: sul *verso* del foglio 22, a riempire lo spazio lasciato tra la fine del capitolo su padre Paolo e l'inizio di quello su Micanzio, abbiamo il seguente testo:

> *Fra Fulgentio, che e stato abrugiato, quando maestro Paolo era ferito ogni giorno il veniva a incitare; et per che io non lo conoscevo, frat'Antonio me lo mostrò e disse: "Quelli è fra Fulgentio de' Zocholi che predicava.*

Questa parte del testo è un'evidente aggiunta posteriore inserita per diversi motivi:

- Il paragrafo inserito da Graziani cambia bruscamente argomento: il servita aveva accennato di sfuggita a Fulgenzio Manfredi al *verso* del foglio 22, usandolo come paragone per un altro frate dedito a invettive contro il papa, per poi riprendere il discorso intrapreso su Agostino da Verona. Graziani deve essersi ricordato di questo incontro da lontano solo in un secondo momento.
- La dimensione di questa parte di paragrafo è di molto ridotta: Graziani si è trovato costretto a scrivere in piccolo per far entrare questa aggiunta nell'unico spazio disponibile.
- Il fatto che ogni altro inizio di capitolo è preceduto da uno spazio, per distaccarlo dalla fine del testo precedente, va a confermare che lo spazio occupato dal paragrafo sarebbe dovuto rimanere libero, secondo la redazione originale.

Un altro indizio che ci fa presumere l'autografia del documento sono le correzioni che segnalano un cambiamento della frase mentre il redattore la sta scrivendo:

- (16r) "*inventore ~~del fatto~~ di tante sceleratezze*": Graziani in questa parte del testo cerca di far ricadere la colpa su frate Antonio, pertanto prima lo descrive come responsabile del tentativo di omicidio, prima di decidere di rendere più generica e pesante l'accusa rendendolo il colpevole delle "tante sceleratezze" che avevano condotto all'attentato.
- (34v) elimina "gli" per sostituirlo con "me" ("*più tosto prego Iddio che me dia la morte*"): in questa parte del testo Graziani cita ciò che un nobile gli ha detto, optando per riportare il testo in modo letterale, ma confondendosi con il discorso indiretto che spesso utilizza.
- (29v) scrive "dura" e sopra la riga aggiunge la particella "va", per cambiare "dura" in "durava": il cambio di tempo segna un cambiamento nella narrazione che Graziani porta avanti, incentrata adesso sul ricordo invece che sulla constatazione.
- (lo stesso cambio di tempo avviene due volte nel foglio 31r, dove "trovano", con un'aggiunta diventa "trovavano" e "pigliare" diventa "pigliarebbe").
- (26v) significativo è il cambiamento del termine "camera" nel termine casa "casa" (nella frase "*maestro Paolo, m'è venuto per li piedi fra Antonio dove che, se non fosse in vostro despiacere, io lo piglia-*

rei in casa mia, poi che l'ho trovato mezzo desperato et che se ne voleva andare in Germania").

Si tratta di piccoli indizi (parte di una trafila discretamente lunga ma meno significativa) che possono farci pensare a un testo non abbastanza raffinato, che l'autore modifica, arricchisce e perfeziona mentre lo sta scrivendo.

Queste correzioni insieme alle altre (in tutto 18 aggiunte e 23 correzioni), concentrate specialmente nella seconda parte del documento, inducono a pensare che il resoconto avrebbe ancora necessitato di una stesura finale: potrebbe non aver avuto una brutta su cui basarsi, oppure potrebbe essere stata scritta con l'idea di una copia in bella (vista la scrittura elegante e curata delle prime pagine) per poi diventare trasandata a causa di una mancanza di tempo.

Riguardo questo argomento è necessario approfondire i problemi legati al cambiamento della calligrafia di Graziani: una scrittura corsiva, allungata, dalle lettere piccole e attaccate, che si confondono fra loro quando la scrittura è affrettata.

La scrittura del servita oscilla, rimanendo più ariosa e precisa in alcune carte, per poi farsi più piccola e imprecisa, cambiando in meglio o in peggio a seconda della carta, fino ad arrivare all'ultima parte del testo: come per affrettarsi a concludere, dal foglio 26, la calligrafia si fa notevolmente più confusa e tale rimane fino alla fine del manoscritto.

Dobbiamo tenere conto anche del fatto che il resoconto di Graziani è formato di fogli separati, poi messi insieme, dato che il codice è disseminato di richiami fra una pagina e l'altra (in diverse occasioni il redattore scrive, sotto il testo della pagina, la prima parola di quella successiva, probabilmente per ritrovare il giusto ordine a dei fogli volanti) per fare un quadro ipotetico ma completo della scrittura di questo.

Parliamo di un testo scritto dal protagonista della vicenda (date le aggiunte originali di testo dopo la redazione), che nonostante la calligrafia inizialmente curata presenta svariati errori e un peggioramento della scrittura nell'avanzare della stesura: potrebbe trattarsi di un documento che Graziani si affretta a scrivere e a consegnare a Paolo V (destinatario del testo, come dichiarato nella prima pagina), appena dopo essere tornato a Roma.

Questa ipotesi collocherebbe il testo intorno al 1610-1611, un periodo storico in cui il rapporto fra la monarchia papale e la repubblica veneziana è ancora estremamente teso (a causa delle predicazioni di Fulgenzio Micanzio e della questione del beneficio di Ceneda), e l'interesse per le informazioni riguardanti Sarpi è alto.

Memoriale a Paolo V

[f. 1r] **Lettera di Roma che ordina che si vadi a Venetia a trattar con fra Antonio**

Jesus Maria

Acciò che la Santità Vostra, Beatissimo padre, abbia, in quel meglior modo che io co' le mie deboli forze potrò, il più compito e minuto ragguaglio che possibil sia, sì del caso occorso intorno alla mia persona in Venetia, come anco dell'attioni pessime de fra Paolo, de fra Fulgentio de' servi (uno di quelli sette Teologi), de frat'Antonio da Viterbo (secretario di fra Paolo), como anco delle pessime attioni de Nobili: il tutto si esporrà da me, fra Giovanni Francesco dell'ordine de' servi da Perugia, humilissimo et obedientissimo figliolo della Santità Vostra, puramente come si conviene, essendo ch'a piedi vostri non lice esporsi se non la pura e mera verità.

Ritrovandomi in Padova di stanza, dove leggevo teologia pratica nel monastero de' servi, hebbi una lettera di Roma dal padre fra Bernardo de' Servi da Perugia (qual tiene servitù con l'illustrissimo signor Cardinal Borghese, nipote [^] della Santità Vostra), il contenuto della quale era questo: "Andarete a Venetia e vedete d'intendere da fra Antonio s'è vero che maestro Paolo scriva de vitii pontifici *et censuris*; et vedete anco di persuaderlo a levarsi dalla servitù di maestro Paolo, per benefitio del anima sua, et che se ne venghi a Roma dove sarebbe ben visto. Ma il tutto come da voi senza dimostrare che vi passi scritto cosa alcuna".[1] Questo era il tenore della

1. "*Ritornando alle cose serie, quest'odio, così nudrito nel 1609, fece venir a capo uno nuova machinazione contra la vita del padre. Nel tempo che 'l cardinale Borghese, mentre il zio non era ancora asceso al ponteficato, studiava in Perugia, s'insinuò nella sua grazia et amicizia un fra Bernardo perugino dell'ordine de' servi, e per certi servizii*

lettera dove che, considerando io molto bene l'importanza del negotio, poi che qua si trattava dell'interesse della religione, preso che io hebbi il Giubileo che la Santità Vostra havea mandato fuori per le cose di Germania, mi posi in viaggio per effettuare questa santa et buona attione con mandare essecutione quel tanto che di Roma mi si scrivea et comandava. [f. 1v]

Fra Antonio secretario di fra Paolo amico di fra Giovanni Francesco

Gionto che io fui in Venetia me ne andai di filo al monasterio de' Servi [^] et, così come era mio costume, andai in camera di frat'Antonio per esser mio amico (essendo allevati insieme in Novitiato, et eramo come fratelli).[2]

Scritti heretici in camera di fra Antonio

Detto frate mi lassò in camera solo et così, maneggiando molte scritture che stavano sopra la tavola (tutte perniciose alla religione et pietà christiana), diedi di mano a un libro in quarto scritto di pugno di fra Antonio. L'inscrittione del libro era [^] questa: "Confessione in fede di alcune Chiese sparse in Francia et in altra parte del mondo contro l'assertioni et Idolatrie papistiche".[3] V'erano anco doi altri libri di scritti in foglio di mol-

giovenili prestati al cardinale, ch'esso ancora era giovinetto, né abborriva da' gusti ordinarii dell'età, venne in tal intrinsichezza, che poi, fatto cardinale, lo fece andar a Roma per riconoscerlo di gradi et emolumenti. Fosse il frate invitante o invitato, questo fugge la mia cognizione. Certo è che trattò, instruí e ben instrutto fece dal generale de' servi mandar a Padova, sotto pretesto di studio, un frate Giovanni Francesco da Perugia, fatto poi dottore, benché con poca litteratura." (Micanzio, *Vita*, p. 1361)

2. "*Questo per la vicinità di Padova veniva spessissime volte a Venezia, ne' servi, e strinse prattica con fra Antonio da Viterbo, che serviva di scrittore et era familiarissimo del padre. E fu facile la intrinsichezza, per esser dell'istesso stato e provincia, e perché prima s'erano conosciuti nella loro patria.*"

3. Il titolo di questo testo, un'opera eretica ritrovata nelle stanze di Bonfini, che stava lavorando ad una copia per volontà di padre Paolo, corrisponde alla traduzione della *Confessio gallicana*, diffusa in Italia come "Confessione di fede fatta di comun consentimento da le chiese che sono disperse per la Francia e s'astengono dalle idolatrie Papistiche". Paolo Sarpi nomina l'opera in una lettera a Groslot de l'Isle (del 17 febbraio 1609): "L'esemplare della Confessione [Confession de foi des Eglises protestantes de France, 1559] che Vostra Signoria mi manda m'è grato, ed in particolare per quel 31° articolo; e quantunque tanta dilienza sii stata fatta per estinguere il libro, non dubito che non sii per vivere; anzi, questa è la maniera di dar credito ad un'opera: e sarà come il successo di Bartolomeo Borghese (se non è eresia darli tal cognome), che con brusciarlo li hanno dato più fama e nome". Il 31° articolo, su cui Sarpi stesso ci porta l'attenzione, recita: "Nous croyons que nul se doit ingèrer de son autoritè propre pour gouverner l'Église, mais que cela se doit faire par èlection, en tant qu'il est possible, et que Dieu le permet".

tissimi fogli quali contenevano cose contro la religione et fide catolica. Io misi in iscritto il titolo del libro et la portai meco; pregai poi frat' Antonio che mi facesse gratia di copiarmi con un poco di tempo detto libro, per che me ne volevo servire per sapere l'opinioni de' Heretici nell'occasioni che potessero venire, per poterle reprobare. Lui me rispose che l'havrebbe fatto et che poi me l'haverebbe mandato in Padova.

Fini di fra Paolo di scrivere contro il papa

Di poi, così domesticamente, gli dimandai che cosa scrivea maestro Paolo et che contenevano le sue scritture. Lui me disse che maestro Paolo in quelle sue scritture ragionava et trattava di molte cose, ma che in particolare il suo scopo principale [^] era di dare addosso alli pontefici Romani, et che dimostra che tutti li inconvenienti e li danni che son nati nella Chiesa son venuti per causa loro, et di ciò ne adduceva molti esempi et che, in questo particolare, diceva di gran cose in lor danno et biasimo. [f. 2r]

Si persuade a fra Antonio che si levi da fra Paolo

Doppo di questo io lo persuasi, così alla lontana, se voleva doppo pasqua tornare nella nostra provincia di Roma; me rispose che ci haverebbe qualche pensiero ma che dubitava che il papa no lo volesse nelle mani et che gli faiesse fare qualche brutto schirzo, et che gli era stato detto da molti che il papa lo voleva [^] gastigare di una mala maniera per essere stato alla servitù di maestro Paolo. Io con molte parole cercai di levargli questo timore da torno con addurgli li esempi di quelli c'havevano scritto et predicato contro la Chiesa et il papa: che dal papa gli era stato perdonato, gli aveva accarezzato come era stato il padre Cappello, illustre Vicario del patriarca, et fra Fulgenzio Zocholante, ambi di cui gli haveva date di buone entrate, et pur questi havevano fatto male. "Tu", dico alla fine, "non hai fatto altro che servire fra Paolo in quello che ti comandava, il che non è niente rispetto a questi". Gli dissi: "Assicurati di ciò: che non sia per avenirle male alcuno anzi, come sarai in provintia, io me esebisco di farti havere qualche priorato" dove che, col longo ragionamento, l'havevo indotto a Pasqua di volersene tornare in provintia di compagnia. Gli persuasi in ultima che volesse venire a Padova a spasso et recreatione otto o dieci giorni. Me rispose che, se non havea da fare

L'opera sarebbe la *Confessio gallicana* scritta da Giovanni Calvino, passata da 18 articoli nel 1557 a 35 del 1559, fino ad arrivare ai 40 articoli con cui venne ratificata nel 1572 al Sinodo delle Chiese riformate, tenutosi a La Rochelle.

un servitio, che sarebbe venuto in mia compagnia a Padova. Io gli soggionsi: "Se tu non puoi venire al presente potrai venire di qua di qualche giorno, poi che ogni volta che [f. 2v] tu verrai, sarai ben visto et acarezzato".

Si avisa Roma di quanto si è trattato con fra Antonio et delle scritture che lui haveva in camera

Io poi me ne ritornai in Padova [^] et avisai a Roma al pio fra Bernardo quel tanto che io havevo trattato con fra Antonio, et gli scrissi il titolo di quel libro avisandolo c'havevo pigliato nella tavola di fra Antonio alcune scritture che contenevano cose perniciose, avisandolo che frat'Antonio mi haveva dato parola di copiarmi il sopra nominato libro.

Mi venne risposta che in ogni maniera procurassi di haver detto libro et che dovessi mandare li sopra nominati fogli lì (come io gli mandai); ma, prima che gli mandassi, ne feci una copia per tenerla appresso di me per che, s'a sorte gli originali si fossero andati in sinistro, io ne havessi una copia.

Fra questo mentre, passavano lettere fra me et fra Antonio in materia di voler venire a Padova et del copiarmi quel libro. In questo mentre io hebbi resposta di Roma che quelli fogli erano stati grati e che gli haveva havuti in mano Vostra Santità, et che dovessi usar ogni cura e diligenza di procurar di haver qualche foglio in mano di maestro Paolo per che son molto desiderati et bramati, et che io in questi negotii non dorma, per che il negozio importa assai.

Quel tanto che si tratta con fra Antonio

Venne ultimamente frat'Antonio in Padova il quale fu benissimo visto et acarezzato da me.[4] Lo tenevo a dormire di compagnia nella mia camera usandogli ogni sorta d'onorevolezze et cortesie. Una mattina poi, doppo che io hebbi celebrato messa, lo menai in santa Giustina, nella cappella della beata vergine: luogo remotissimo e segreto, in via fuori di mano.

[f. 3r] Gli ragionai in questa maniera: "Frat'Antonio, io vorrei conferirvi un negotio ma, avanti che io ne dichi altro, desidero che tu giuri supra la pietra sacrata, qui avanti la Beata Vergine, di non [^] dir cosa alcuna a nessuno", et così lui giurò che non haverebbe mai detto cosa alcuna a persona vivente in modo alcuno. "Il negotio che devo trattar teco, frat'An-

4. "*Questa prattica non piaceva al padre, ma la sua modestia fece ch'in soli termini generalissimi ne facesse motto a fra Antonio, il quale in apparenza se ne ritirò alquanto, ma in essistenza si riducevano insieme fuori del convento, dal quale fu data licenza al sudetto fra Giovanni Francesco.*" (Micanzio, *Vita*, pp. 1361-1362).

tonio, è negotio appartenente all'honore de Dio benedetto, della Religione Christiana et della Religione nostra. Hai da capire che di Roma si desidera di haver qualche scrittura di fra Paolo, per che vorrebbono poter cognoscere et toccar con mano dove vuol battere col suo scrivere contro il Pontefice Romano; et facendo ciò, farai opera di buon Catolico et molto grata a Dio, oltre che ne sarai ricognosciuto temporalmente ancora".

Lettere mostrate a frat'Antonio per darli animo

et gli mostrai le lettere di Roma acciochè maggiormente lo inanimisse ad effettuare un tanto negotio, scorgendosi [^] da dette lettere l'intenzione di Vostra Santità e dell'illustrissimo signor Cardinal Borghese). Frat'Antonio vedendo queste lettere et pigliato gran speranza (più del premio temporale che di far opera grata a Dio), me rispose che lui l'haverebbe fatto, anzi, di più: "Vedrò di torgli tutte le scritture". Io gli risposi "Se tu farai questo sarà maggiormente grato et ne sarai premiato e bene"; et così restassimo d'accordo che lui haverebbe levate le scritture a maestro Paolo et venissene tutti doi di compagnia a Roma alli piedi di Vostra Santità.

Fra Antonio se offerisce da se di voler dare il veleno a maestro Paolo

La sera poi, fra le due hore di notte in camera, fra Antonio et io [f. 3v] tornassimo alli ragionamenti della mattina col trattar del modo di pigliar dette scritture et, doppo c'havessimo ben discorso sopra di questo particolare delle scritture et determinato il modo, fra Antonio soggionse: "Fra Gian Francesco io ti voglio dire un negotio importante: hai da sapere che quando fu da me questa istate mio fratello Giulio et don Francesco Beretta, furno mandati da Monsignor Matteuccio, Vescovo di Viterbo, a persuadermi che io dovessi ammazzare maestro Paolo: ma a me non è mai bastato l'animo di adoprare il ferro [^] et mettere mano nel sangue, con tutto ciò che io habbia bonissima comodità di effectuare questo fatto.[5] Sì che, se di

5. "*Che sotto i quadragesimali stavano tre partiti inciferati. Il primo, perché il padre per la procidenzia dell'intestino retto, di cui sopra s'è fatta menzione, aveva necessità di tenersi molto monda la parte, ogni otto giorni si lavava e si faceva radere (al qual officio mai volse barbieri o secolari), né da se stesso potendo, si valse di frate il più domestico e confidente, e questa carità gli prestava allora il sudetto fra Antonio. E però fu trattato seco che nel servire in tal occasione gli dasse un taglio di rasoio, ch'era cosa sicura. Ma ricusò fra Antonio, o perché non avesse mai intenzione d'offender il padre, che gl'era un liberalissimo donatore, o perché, com'egli si scusò in voce et in lettere andate a Roma, non gli bastasse l'animo; et asseriva che come avesse veduto sangue, immediatamente sarebbe restato perso, come per natura sempre gl'avveniva.*" (Micanzio, *Vita*, p. 1363).

Roma fra Bernardo si volesse procurare di mandarci il veleno, io gliene darei: et così in quella maniera se liberarebbe il mondo d'ogni travaglio e briga. Et di più in uno istesso tempo si potrebbe fare un bel colpo: far morire anco maestro Fulgentio, et quel temerario di fra Giovanni Francesco da Venetia, che tanto straparla del papa in tutti i tempi et in ogni occasione, et nel tempo dell'interdetto diceva che lui voleva andare a Roma a tirar giù della sedia il papa; et questo lo potrò fare con ogni mea comodità et facilità, poi che loro tre mangiano sempre di compagnia doppo delli altri.[6]

Io gli risposi che di ciò non havevo ordine alcuno, ma che se li parea di scrivere questo suo pensiero a fra Bernardo, che gli scrivesse. Me rispose che ciò voleva scrivere. Io gli soggionsi: "Scrivete prima a fra Bernardo quel tanto che io ho trattato con esso voi in materia: che io son stato a Venetia et che alla sfuggita v'invitai a Padova a spasso, et che mi promettesti di copiarmi quel libro di quelle propositione heretiche, et che qua in Padova vi ho scoperto [f. 4r] scoperto qual era l'intentione delli padroni intorno alle scritture di maestro Paolo. Del restante poi scrivete quel tanto che vi pare et qual sia il vostro pensiero"; et così restò di voler scrivere.

Fra Antonio scrive di voler dare il veleno a tre mentre fra Gian Francesco sta a mattutino

Venuto poi il giorno che fra Antonio volea ritornare a Venetia, io mi levai a mattutino secondo il mio costume, et nel uscir di camera dissi a fra Antonio: "Fra Antonio, ti lasso la lucerna accesa: se tu vuoi scrivere levati su et scrivi". Quando poi io ritornai da Mattutino [^] lui haveva di già scritta et sigillata la lettera; io gli dissi che prima che la sigillasse me la doveva

6. "*Il secondo era che da Roma gli sarebbe mandato cosa da dar in cibo o in bevanda, e questo gl'andava assai per fantasia, perché con una fava (tal era il parlar per loro) avrebbono prese due colombe, ch'erano il padre Paolo e Fulgenzio. Ma questo partito portava seco molte difficoltà. Primieramente, come trovar cosa di cosí pronta efficacia e che si potesse mandar sicura. Dipoi, perché i cibi ordinarii di quei padri erano semplicissimi senza condimenti e comuni con tutto il monasterio; onde conveniva far goder di questa virtú anco ad altre 30 persone, o mettersi a rischio di non riuscita; e la necessità aveva fatto che molto accuratamente s'osservasse ogni cosa e s'avesse l'occhio alle mani a chi s'accostava. E chi volesse appostar tempo per i cibi de' sudetti in particolare, era cosa in longo, e non consentiva con la tanta celerità che nelle lettere si premeva per aver quei quadragesimali. Ci erano anco sospetti vivi per certo recente accidente, ch'avendo i sudetti mangiato una poca quantità di bucellato, presentatogli a tavola, s'erano trovati molto male tutti due, e con gl'accidenti medesimi; onde la cauzione era molto oculata.*" (Micanzio, *Vita*, pp 1363-1364).

prima leggere, lui rispose "Apritela, che importa, io ne scriverò un'altra" et così io l'apersi. La lettera era di questo tenore:

"padre Baccelliere Giovan Francesco nostro fu alli giorni passati a Venezia, et con bella maniera alla sfuggita me invitò a Padova a spasso dove poi ultimamente così venuto, dove che mi ha esplicato qual era l'intenzione delli padroni in materia de haver qualche scrittura del maestro Paolo. Ma io ve dico che terrò modo et via di levargli tutte le scritture; et quel libro che io ho promesso al baccelliere, come sarò a Venetia, ne farò copia et lo mandarò al detto." et qui era ponto fermo et ricominciava il capo verso.

"Ma la mia intentione sarebbe questa: che se voi ci voleste procurare qualche buona bevanda io gliene darei, et ad una istessa fava li acchiapparebbono più colonbi et così se liberarebbe il mondo da tanti travagli et affanni". Questo era il contenuto della sua lettera.

Fra Antonio scrive un'altra lettera per che la prima parlava troppo apertamente del veleno

Io gli dissi, doppo haver letta la sua: "fra Antonio, fratello, questa è una lettera che parla troppo chiaramente. Vorrei che scrivessi [f. 4v] un poco più oscuro acciò che, se la lettera andasse in sinistro, non fusse la nostra et la mia rovina; sì che scrivetene un'altra più oscura" [^]; et così ne scrisse un'altra più oscura, et questa seconda fu poi mandata a Roma a fra Bernardo.

Lettera prima per miracolo de Dio resta nelle mani di fra Giovan Franesco

La prima lettera, poi che io non la viddi più nella tavola, giudicai che fra Antonio se ne fosse servito alli bisogni suoi, et io non ci pensavo più. Nell'accompagnare poi che io feci fra Antonio alla barcha per tornare a Venetia, quando fussimo (o miracolo de Dio) avanti santa Giuliana, nel salutare che io feci la Beata Vergine dipinta nel fronte spitio della porta, mi venne in memoria quella prima lettera che fra Antonio haveva scritta, et dissi [^]: "fra Antonio che cosa hai tu fatto di quella prima lettera?" mi rispose che lui l'haveva nella saccoccia delle calze. Io li dissi: "Oh s'asorte et per disgratia li cascasse in barca o a Venezia! [lacuna di una parola, forse "dammela"] che come sarò al monasterio l'abrugiarò". Lui me rispose che se ne sarebbe servito per viaggio ma io, per più securezza, me la feci dare in mano; et così, come io fui tornato a casa, posi questa lettera sotto un bancho nella libraria dove erano anco l'altre lettere, che io havevo ricevute di Roma, et anco alcune lettere di fra Antonio in materia di quel libro heretico. Io poi mandai la 2ª lettera a Roma, et scrissi ancor io qual era l'intentione di fra Antonio; la posi, anco quella, sotto il già nominato banco.

Risposta di Roma al negotio del veleno

La risposta che venne a queste lettere di Roma da fra Bernardo fu che: l'illustrissimo signor Cardinal Borghese gli haveva detto che dovesse trattare co l'illustrissimo signor Cardinale Lanfranco poi che, per li [f. 5r] li molti negoti, non li poteva attendere; ma che per ancora io haveva trattato col Cardinale Lanfranco. L'altro ordinario hebbi resposta di [^] quel tanto che gli haveva resposto il signor Cardinal Lanfranco: che l'intentione di Vostra Santità era che s'attendesse a procurare le scritture con ogni cura et sollecitudine, et che non si dovesse attendere ad altro.

Scrive fra Antonio che se li mandino denari in più

In questo tempo fra Antonio (con tutto ciò che nel ritorno che lui fece a Venetia havesse havuto da me dieci scudi) me scriveva che gliene dovesse [^] mandare de gli altri, con dire che era bene, per ogni occasione che fosse venuta, havere delli denari al suo comando; et che le cose sarebbono passate benissimo, et che con un poco di tempo si mandarebbe ad effetto il nostro desiderio.[7]

Ritornai di nuovo in Venetia per sollecitarlo et innanimirlo: sì come io feci più volte per non essere tassato et ripreso di negligenza.

Pensiero di far pigliare l'impianto della chiave di fra Paolo

Ultimatamente, essendo io di continuovo stimolato con lettere da Roma: che le stavano aspettando con grandissimo desiderio quelle scrit-

7. "*Portò il caso che volendone l'ebreo dar una, si ritrovò fra Antonio fuori del convento, e venne la lettera in mano del padre fra Giovanni Francesco Segurtà, il quale, toltala, la portò al padre, narrandogli come aveva cavato di bocca all'ebreo che questo era negozio frequente. E come questa nazione è timida et accorta, gli disse anco che voleva dichiararsi con fra Antonio che non gli facesse capitare piú lettere, perché non sapeva che negozio fosse questo che cosí secreto correva tra loro. Fece il padre chiamare fra Antonio, gli diede lettera et intimò che o lasciasse di pratticare col perugino, o non capitasse piú nelle sue camere, che non voleva piú suo servizio. Si scusò al meglio che seppe e passò anco con certa piacevolezza, che gl'è molto naturale e lo rende grato e far stimare piú semplice che malizioso, che pratticava con lui per cavargli una buona boccanata de' soldi, che usò questa parola. Tanto piú il padre gl'interdisse quel commercio; il quale non fu troncato, ma seguitava piú nascosamente in casa di certa donna et in luoghi fuori di mano, sino che 'l negozio fu maturo.*" Possiamo, con uno sforzo di logica, presumere che questa parte del racconto di padre Fulgenzio debba essere collocata in questa parte del resoconto di Graziani. (Micanzio, *Vita*, p. 1362).

ture, et che sarebbe bene tal volta di presenza tener sollecitato fra Antonio (del che io restavo molto sollecito et travaglioso d'effettuare questo fatto: et giorno et notte non pensavo in un altro per sodisfare alli desideri di chi si deve); et vedendo le cose andare un poco in longo, [^] giudicai fra me stesso che, per fare riuscire il negotio con più comodità et securezza, di far si che fra Antonio pigliasse l'impianto delle chiave delle camere di maestro Paolo. Et di questo mio pensiero ne scrissi a Roma, et mi venne resposta che questa sarebbe stata la strada più facile et più secura.[8] Sì che mi risolei di tornare a Venetia per far si [f. 5v] che fra Antonio pigliasse l'impianto di detta chiave in casa, et poi andarmene a Ferrara per farle fare. Et per che fra Antonio non havesse in Venetia questo fastidio di preparare la cera, io in Padova l'accomodai incorporando la cera con la termentina (acciò che continovamente si conservasse morbida et pastosa). Et havuto compagnia de un nostro frate, me ne andai a Venetia et portai la cera già preparata. Et a quella cera, con un spaghetto, v'erano rivolte due lettere che io haveva ricevute di Roma, le quali contenevano che io sollecitasse quelle scritture et non li nominava particolare alcuno né di chi fossero queste scritture.

Si ragiona con fra Antonio in materia delle scritture et di pigliare l'impianto delle chiave

Arrivato in Venetia andai la mattina al Monasterio de' Servi per parlare con fra Antonio, [^] e lo ritrovai in sagrestia che si affarava per voler dir messa: et così mi trattenni per fin tanto che lui hebbe finita la messa.

Fenita la messa gli ragionai in materia delle scritture: quando si potranno havere. Me rispose che le cose sarebbono andate bene, et con un poco di tempo, col saper pigliare l'occasione di restare in camera di maestro Paolo quando va a trattare qualche negotio in pregati [9] (che sta fuori quattro o cinque hore), et in questo tempo pigliare le scritture et voltar via. Io gli resposi: "Questo è bene; ma non si puol sapere né il giorno né

8. "*Il terzo, in cui restò l'appontamento saldo, fu che fra Antonio (che senza alcuna difficoltà pareva) prendesse in cera gl'impronti delle chiavi delle camere del padre per farne fare le contrafatte (et a questo doveva servire la cera preparata, come di sopra è detto), a dissegno che, come fra Giovanni Francesco avesse le chiavi sicure, volevano secretamente introdurre nel monasterio due o piú sicarii e la notte trucidare l'innocente padre. Ma Dio volse scoprire sí grave sceleragine nel sopra detto modo.*" (Micanzio, *Vita*, p. 1364).

9. Nominando il "Consiglio dei Pregadi" o "Il pregadi" ci si riferisce alle lunghe sedute del senato veneziano: il nome deriverebbe dal fatto che i senatori sono coloro che vengono pregati dalla Repubblica di dare il loro parere sulle questioni più delicate.

l'hora per poter star preparato: poi che, come si è fatto il negotio, bisogna volare non che caminare, et per che, nell'istesso tempo che voi torrete le sue scritture, io vorrei essere in Venetia per che, subbito doppo il fatto, pigliaressimo barcha et poi andaressimo per terra in su li cavalli per strade incognite et non ordinarie, et bisognarà caminare notte e giorno per sin tanto che siamo nel ferrarese. Sì che, per poter fare quello negotio nella maniera che io ve dico et che va per riuscire, ho giudicato fra me stesso che la [f. 6r] la più facile et più secura via sia il pigliare l'impianto della chiave delle camere di maestro Paolo: poi che io l'andarei a far fare in Ferrara et quella sarebbe la via secura et cauta". Lui me respose che questa sarebbe la meglio per poter determinare il giorno. Io gli dissi: "Ho portato la cera accomodata, acciò che tu non habbi questo fastidio di prepararla" et così gli ne diede mentre caminavo per chiesa, et io non mi raccordai di quelle lettere che ve erano involte intorno; dove che, prima che mi partissi da lui, restassimo d'accordo che con la prima comodità haverebbe preso l'impianto detta chiave.[10]

Fra Antonio dice di voler dar doi fogli per effettuare il tradimento

Me disse che lui al presente copiava alcune scritture di maestro Paolo che si dovevano presentare in pregati: "Se io haverò tempo et comodità vedro d'un foglio farne doi copie et che me ne darebbe una copia". Io gli dissi: "Quando vuoi tu che io ci torni?" "Tornaci questa sera" me rispose. Vi tornai la sera; non era in casa. Vi tornai la mattina sequente ché [^] volevano cantare la messa, dove che me dissi che la sera a 22 fussi alla piazza di san Marco alla †[11] di Abramo, che lui sarebbe venuto et che mi haverebbe portato dui fogli; ma di già il Giuda haveva dato l'accordo di effettuare il tradimento, et di già haveva trattato con maestro Paolo et gli haveva mostrate le lettere et la cera, sì come per prima gli haveva conferito quel tanto che si era trattato fra me et lui in Padova et aggiongendoci di più le tante falsità.

10. "*Imperoché una mattina nel far del giorno si ridussero in secreto colloquio nella sagrestia de' servi, ove longamente stati et osservati che facevano insieme gran dibattimenti, nel separarsi fra Giovanni Francesco cavò dalla saccoccia delle calze un rivoltolo, in carta sugarina, di cera accomodata per far impronti di chiavi, la quale, riscaldata per la prossimità della carne, trasse seco fuori dalla saccoccia un mazzo di lettere, le quali con il peso, non sostenute dalla cera, caddero in terra, che nissuno se n'avvidde, fra Antonio, ricevuta la cera sudetta, si partí per il convento, e quell'altro andò via.*" (Micanzio, *Vita*, p. 1362).

11. La parola scritta sembra *spizaria*: non riuscendo a identificarla definitivamente viene apposta la croce.

Fra Giovan Francesco preso et ligato et posto in carcere

[^] La sera poi, al'hora determinata andai alla †:[12] subbito entrato dentro mi sopragionge un Capitano delli signori Capi con molti sbirri et mi posero un ferraiolo in capo, et mi portavano quasi che di pesolo per la piazza di s. Marco, la quale era piena di popolo il qual si sollevò.[13]

[f. 6v] Arrivato che io fui nella guardia mi spogliarono nudo per cercarmi bene addosso, ma non mi trovarono cosa alcuna. Mi posero in una prigione (veramente sepoltura de vivi!): solo, che non sapevo dove me fusse, dove stessi trenta otto giorni con dolori cattivi (che non havevo mai bene) che credevo di morire mille volte per li eccessi dolori che pativo.

Fra Giovan Francesco costituito la prima volta

La sera istessa mi costituirono et me dimandarono se sapevo la causa per che io fossi stato retento; io gli resposi che non mi potevo imaginare per che causa mi havessero fatto pigliare. Me dimandorno che cosa havevo da trattare con fra Antonio. Io gli dissi che nella futura quatragesima, che messer Fulgentio doveva predicare [^] in san Lorenzo, che mi volesse scrivere il suo quatragesimale, poi che io ne havevo grandissimo desiderio di haverlo. Me dissero che io havevo trattato con fra Antonio d'altro che di quatragesimale, et che dovesse dire quel tanto che trattato havevo con lui; io gli risposi sempre il medesimo.

Giovan Francesco alla presenza delli tre inquisitori di stato ligato

La mattina seguente fui desaminato alla presenza di tutti tre l'inquisitori [^] di stato et l'Avogadore Francesco Malepiero,[14] Leonardo Mozenigo,[15]

12. Vedi *supra*, nota 11.

13. "*con molte simili particolarità, le quali mostrate al padre Paolo, non dubitarà alcuno che non penetrasse l'importanza del trattato; ma tanta era la sua mitteza e mansuetudine d'animo che essortò maestro Fulgenzio a non ne far altro moto, ma tener in silenzio, sino che piú chiaramente si scoprisse che arcano fosse questo. Passò anco a dire che non occorreva far altro che levar di camera e di convento fra Antonio. Ma maestro Fulgenzio fu risoluto in contrario, e senz'altro dire portò le lettere, ch'erano, salvo il vero, otto, ad uno degl'eccellentissimi inquisitori di Stato.*" (Micanzio, *Vita*, p. 1363).

14. Francesco Malipiero: Politico simpatizzante del partito dei giovani. Il cardinale Spinola lo nomina in una delle sue lettere indirizzate al cardinal Borghese, riportando come il 5 dicembre 1606 (ancora nel pieno della contesa dell'interdetto) Malipiero fosse stato nominato da Venezia ambasciatore secreto straordinario in Inghilterra. Da notare come il combaciare del cognome potrebbe identificare il politico come un parente di Alessandro Malipiero, anziano nobile affezionato a Paolo Sarpi, che trovò in strada, ferito in seguito all'attentato vicino al ponte di Nona.

15. Leonardo Mocenigo: di nobile famiglia, fratello maggiore di Giovanni Mocenigo (che prima ospitò e poi denunciò Giordano Bruno, una volta scoperta la sua intenzione di

Lorenzo Loredano[16] (questi erano l'inquisitori). La sera precedente v'era presente solamente il Mozenigo et il segretario Cumino che scriveva.

Lettere che erano attaccate alla sera con lo spago si producono

L'Avogadore mi presentò quelle due lettere con dirmi se io le conoscevo; io gli risposi che quelle erano mie lettere che m'erano state scritte da Roma dal fra Bernardo da Perugia.

Me dimandarono come mi erano uscite di mano.

Resposta alle lettere presentate

Io gli resposi che l'[^][17] altra mattina andai al monasterio de' servi per veder fra Antonio et lo trovai che s'affarava per dir messa, et così l'aspettai che finisse la messa; et in questo tempo, per che io volevo comprare [f. 7r] comprare alcuni libri qua in Venetia, cavai fuori tutte le denari che io havevo nella saccoccia et con questa occasione cavai fuori tutta la carta et le lettere che io havevo: dove che queste due lettere, o me rimasero in su la tavola dove si affarano li sacerdoti, dove havevo contati li denari, o vero, che me cascarno in terra vicino alla detta [^] [18] tavola et che quando fra Antonio se desparò, le vedesse et le pigliasse (o' vero le trovasse in terra).

Si presenta la cera

Me dissero che questo era falso, ma che quelle lettere io l'havevo date a fra Antonio in chiesa insieme con questa cera, et mi mostrorno la cera/ acciò che [^] dovesse pigliare l'impronta della chiave della camera di maestro Paolo.

andarsene), ebbe una lunga carriera politica nei domini veneziani, entrando più volte a far parte del Consiglio dei Dieci e divenendo famoso per la sua opera di repressione del banditismo nel territorio veneto. Soprannominato da Henry Wootton "Catone veneziano", il politico, esponente del partito dei "giovani", fece guerra aperta ai religiosi non fedeli alla Repubblica (assieme a Contarini accusò e condannò Angelo Badoer), sicuramente simpatizzando per Sarpi, grazie anche alla lunga conoscenza con Niccolò Contarini (allievo di padre Paolo stesso).

16. Lorenzo Loredan: possiamo identificare questa figura come uno dei figli di Lunardo Loredan, pertanto parte dell'illustre famiglia Loredan e fratello di Francesco Loredan: alla morte improvvisa, dovuta ad un brutto malore, del fratello Francesco, abate di Vangadizza, il padre tenta di proporre Lorenzo per succedergli, ma senza successo. Ci spinge a dubitare di questa identificazione solamente la giovane età del Loredan, che avrebbe diciotto o diciannove anni durante lo svolgimento del processo.

17. [lettere che erano attaccate alla sera con lo spago si producono].

18. [resposta alle lettere presentate].

Resposta e contenuto delle lettere che ragionavano de scritture

Io gli resposi che molto mi maravigliavo di quanto me dicevano et che non sapevo che cosa si volevano dire, et che io non havevo mai ragionato con fra Antonio de simil cose.

Me lessero et me costituirno sopra di quelle lettere: che scritture erano [^] quelle che contenevano quelle lettere.[19]

Copie di quelle scritture heretiche

Gli resposi che io, nel mese di ottobre, fui a Venetia et andai in camera di fra Antonio, et in detta camera in su la tavola diedi di mano ad un libro de scritti di pugno di fra Antonio intitolato di questa maniera "*Confessioni di fede d'alcune Chiese sparse in Francia et in altre parte del mondo contro le assertioni et idolatrie papistiche*", qual libro fra Antonio mi promise di [^] copiarmelo et farmene havere una copia. Et per che io, eccellentissimi signori, son Christiano Catolico et Religioso, et per la fede Catolica metterei mille volte la vita et quanto ho al mondo, et per che fra Antonio mi haveva detto che di questi libri ne haveva fatte altre copie per alcuni Nobili [f. 7v] et che si andavano deseminando per tutta Venetia, et così la Città se andava infettando de heresie Calviniste. Io per scarico della mia conscientia avisai a Roma: che come questa che soprasta alla Religione Christiana, che dovesse provedere a così grande inconveniente con tanto detrimento della Religione Christiana. Et di più gli dissi che de simili libri fra Antonio me ne haverebbe fatti havere dell'altri quali erano scritti a penna. L'Avogadore me disse che questa era una mia inventione et che non era vero quello che io dicevo. Gli risposi: "Come mia inventione subbitamente, senza pensarvi, non ne ho citato il titolo del libro". Me disse l'Avogadore che, se questo era vero, che dovevo andare a dirlo a loro per che haverebbono provisto loro: "per che noi siamo megliori christiani che non sonno a Roma". Io gli resposi c'havevo fatto quello che la conscientia mi dettava, et che a Roma li aspetta il provedere alle cose della Religione. Me disse l'Avogadore che io lassassi da parte queste inventioni di questi libri, e che li libri et scritti che desideravo erano le scritture di maestro Paolo. Io sempre resposi che con fra Antonio

19. "*Imperoché scriveva fra Bernardo sudetto a fra Giovanni Francesco che sollecitasse fra Antonio a spedire quel quadragesimale; che i 900 scudi erano pronti e gl'avrebbe nelle mani, ma i dodicimila e piú erano sicuri. In alcune diceva aver parlato col signor padre, ora col fratello con diversi, che tutti bramavano questo quadragesimale. Che 'l padre generale de' servi lo pregava a non dubitare.*" (Micanzio, *Vita*, p. 1362). Questo è quanto sappiamo del contenuto delle due missive.

non havevo mai trattato di cosa alcuna in materia del padre maestro Paolo, ma la verità era quella che io havevo detto et non potevo dir altro per verità.

Fra Giovan Francesco si desamina di haver procurato la morte a fra Paolo

La sera me costituirno sopra di questo altro capo, con dimandarmi [^] che io havessi persuaso a fra Antonio la morte a maestro Paolo et che io gli haverei dato il veleno de ordine di Roma (senza nominare persona particolare); et qui, in questa interrogatione, celebrarono e comendarono maestro Paolo per theologo della serenissima Republica huomo di tanti meriti, de ottimi et santi costumi di vita irreprensibile: in tutta somma dissero cose della sua vita che [f. 8r] che nella canonizazione de un santo non si potrebbe dir più; ma che io, non havendo havuto riguardo a una persona così segnalata, empiamente et diabolicamente gli havevo procurato la morte. Et queste parole me le dicevano con un'enfasi grandissima. Io gli risposi: "Prego Dio benedetto che dimostri miracolo di questa falsa calunnia che me viene attribuita" che io ero innocentissimo, et che restavo molto amirato di questa interrogatione. Me dissero che io, in santa Giustina di Padova, nella Cappella della Madonna, havevo fatto giurare fra Antonio sopra la pietra sacrata, et che poi gli persuadessi a voler che levasse la vita et le scritture al maestro Paolo, di tanti meriti. Io risposi che queste erano tutte falsità et inventioni di fra Antonio, poi che io non havevo trattato con esso lui di cosa alcuna contro del maestro Paolo.

Fra Giovan Francesco al luogo de tormenti

La mattina sequente me condussero al luogo dove si danno li tormenti, [^] acciò che vedessi la corda et il modo che tengono in dare il fuoco, et me fecero stare in quel luogo una mezza hora; et poi, senza dimandarmi altro, mi tornorno nella sepoltura de vivi; et questo lo fecero per spaventarmi.

L'altra mattina sequente mi cavorno della sepoltura et me tornarono a costituire con dirmi che io dovessi dire la verità: si nel haver procurato la morte al padre maestro Paolo come anco in procurarli di fargli levare le scritture. Io risposi che per verità non potevo dir altro che quello c'havevo detto: che io non havevo mai ragionato con fra Antonio in danno della persona di maestro Paolo, et che le scritture delle quali io havevo trattato con fra Antonio erano quelle che io gli havevo trovato in camera, che contenevano heresie calviniste. [f. 8v]

Fra Antonio va a fronte di fra Giovan Francesco et gli dice che di ordine del papa gli haveva persuaso di dar la morte a maestro Paolo et dice altre cose diaboliche et false

Me fecero venire a fronte fra Antonio et gli dissero che me dovesse dire in faccia quel tanto che io in santa Giustina trattai con lui, qual parlò in questa maniera: "Questo padre me condusse una mattina in santa Giustina, nella Cappella della Madonna: me fece giurare sopra la pietra sacrata di non dir cosa alcuna di quel tanto che io gli volevo trattar, et così io giurai che non haverei [^] detto cosa alcuna a nessuno di quel che lui mi havesse detto. Fatto questo giuramento questo padre mi mostrò molte lettere di Roma di fra Bernardo che contenevano questo che io dirò: che questo padre me dovesse persuadere che, di ordine del papa et del Cardinal Borghese, io dovessi dare il veleno al maestro Paolo, et che questo padre me l'haverebbe dato acciò io gle ne dessi, et che se gle ne havessi dato saressimo stati tutti doi Cardinali, et che ci saressimo posto una corona in testa".

Mozenigo che disse quando fra Antonio dicesse tante falsità

Leonardo Mozenigo quando senti queste parole [^] di fra Antonio disse: "Oh che buon papa!".

Fra Giovan Francesco se ride delle pazzie et sceleratezze che dice fra Antonio

Io quando sentì dire queste gran pazzie a fra Antonio cominciai a ridere forte et pigliai animo fra me stesso: che Dio non haverebbe sopportato questa gran calunnia nel suo Vicario et che fosse per [^] fare qualche miracolo. Francesco Malepiero quando me vedde ridere me disse: "Te ne ridi eh?". Io gli resposi: "Et chi non riderebbe in sentir dire queste così gran pazzie". Respose il Malepiero: "Lascialo dire". Io risposi: "Che dichi pur sin domani". Fra Antonio seguitò il suo ragionamento dicendo: "Io, quando me sentii persuadere a dar la morte a maestro Paolo, risposi a questo padre che non lo volevo fare in modo alcuno. Quando questo padre vidde che io non volei aconsentire alla [f. 9r] alla morte di maestro Paolo, me persuase che gli voleva tor tutte le scritture. Io, per che questo padre era mio amico, gli permisi di farlo ma, pensato poi bene il fatto et considerando che era un tradimento, il far questo manifestai".

Risposta di Giovan Francesco alle calumnie di fra Antonio

Io gli risposi: "Fra Antonio, raccordati che Dio è giusto et pensa bene [^]: che tu adesso togli l'honore al sommo Pontefice, al Vicario di Christo in terra, et al Cardinal Borghese et a me, che di quanto tu hai detto siamo innocenti et sappi che questo così gran peccato non ti sarà mai perdonato da Dio benedetto sin tanto che tu, nell'istessa maniera che tu hai levato l'honore et la fama, non lo restituisci. In quanto alle scritture che io ho trattato teco con quel libro scritto di tua mano, intitolato *Confessioni di fede d'alcune Chiese sparse in Francia et in altre parte del mondo contro le assertioni et idolatrie papistiche*, et che tu mi prometesti di farmene una copia et di farmene havere anco delli altri in simil materie; et che queste sono le scritture che io ho trattato teco et che tu mi dicesti che di questi libri ne havesti fatte dell'altre copie a rechiesta de Gintilhomini, et che **[^]**[20] se adattano seminando per Venetia con danno et detrimento dell'anime et della Religione Christiana.

Fecero dire fra Antonio che la resposta era falsa se ben conteneva ogni verità

Me respose che di quello che io dicevo non era vero cosa alcuna ma erano mie inventioni. Gli resposi: "Sai ben tu fra Antonio se ne hai scritto di copiarlo e mandarmelo". Respose sempre che non era vero et che erano mie chimere.

Giovan Francesco al luogo de tormenti

Detto che m'hebbe fra Antonio queste cose in fronte se ne tornò al Monasterio **[^]** tutto borioso, et io fui condotto dalli ministri di giustitia al luogo di tormento et in questo luogo, di presentia delli [f. 9v] Inquisitori di stato, l'Avogadore me disse che dovessi dire la verità: per che appariva chiaro, per il detto di fra Antonio et di quelle lettere, che io havevo procurato la morte di maestro Paolo et di farle levare tutte le scritture. Io gli resposi che io havevo detto la verità et che quanto haveva detto fra Antonio era falso, et le scritture che contenevano quelle lettere era quel libro scritto di pugno di fra Antonio di propositioni heretiche che lui haveva in camera.

Li ministri di giustizia spogliano nudo fra Giovan Francesco per dar la corda et gli parve di veder Cristo alla colonna

Me dissero che me l'havrebbono fatto dire con quelli tormenti che vedete là apparechiati. Gli resposi che potevano fare di me quello che gli

20. [fecero dire fra Antonio che la resposta era falsa se ben conteneva ogni verità].

pareva et piaceva, ma che io per verità non potevo né più né meno dir di quello che io ho detto.

In questo li ministri di giustitia mi presero et mi spogliarono [^] ignudo; et in questa attione, santissimo padre, mi parve di vedere con gli occhi corporali Cristo [lacuna di una parola] alla colonna dove che [lacuna di circa otto parole] spogliato me hebbero s'aveddero li ministri che io pativo di rottura, et uno di quelli ministri lo fece intendere alli savissimi Inquisitori li quali, per chiarirsi bene del fatto, mandorno a dimandare un cerusico, qual venuto, prima gli diedero il giuramento di dire la verità, et giurato che lui hebbe, mi venne a toccare et referì che non mi si poteva dar corda.

Trovano sapientemente di non poderli dar corda

Non si fidorno di questo e ne mandarono a dimandare un altro, et con questo secondo tennero il medesimo modo del primo: et questo anco referì che io non potevo haver la corda. Non si fidarno ne anco di questo secondo mandarono a dimandare il terzo, et tennero l'istesso modo et referì [^] l'istesso di questo che li altri havevano detto; et io in questo tempo stetti sempre nudo (che durò questo fatto più de una buona mezza hora in quello). Volevano vedere di trovar pur uno che dicesse a lor metodo per che l'[lacuna di due parole] farmi servire bene con farmi stroppiare li bracci; [f. 10r] et se non vi fosse stato Lorenzo Loredano, nel quale conoscevo qualche pietà mai parlava, quelli altri haverebbono fatto qualche resolutione bestiale senza haver riguardo al mio male. Quando viddero che per l'impedimento che io havevo non potevo havere la corda, mi fecero ritornare in quelle oscurità di quelle tenebre in quella sepoltura.

Fra Giovan Francesco va col pensiero di havere il fuoco et gli intimorno le defese che le dovesse far subbito alli lor presentia

Il giorno sequente, la mattina, di novo me si fecero condur dinanzi. Io giudicavo che non havendomi potuto dar la corda, che mi dovessero dare il fuoco alli piedi (poi che loro non sogliono dare più frequente che uno di questi doi tormenti); et io ero andato con animo deter[^]minato di dovere havere il fuoco. Solo me dolevo che me haverebbono stroppiati li piedi, et che non sarei stato più buono a cosa alcuna, dove che me ero buttato nelle braccia del signore et della Beata Vergine: che per la pietà et misericordia me dovessero aiutare.

Defese di fra Giovan Francesco di far desaminare li frati della vita et costumi

Ma questo mio giudizio, poiché quella mattina m'intimorno le defese et che in quel mentre che ero alla loro presentia io le dovesse fare, per che volevano venire alla spiditione della mia causa. Io trovandomi a così stretto passo che subbito intimate le defese le dovesse fare, non sapendo imaginarmi che defese io dovesse fare, io, come Dio benedetto m'inspirò, dissi che non sapevo far altre defese che queste: solo che fossero desaminati tutti li padri de' servi di Padova, nominandoli tutti per nome da doi in poi, che erano amicissimi [^] di fra Paolo, uno de quali nel tempo dell'interdetto predicava in Venetia nella Chiesa de' Servi, chiamato fra Mauro et l'altro fra Iacomo (tutti doi padovani).

Fra Iacomo da Padova spia del podestà contro li sacerdoti nel tempo dell'interdetto

Questo fra Iacomo nel tempo dell'interdetto andava facendo la spia per Padova alli sacerdoti che non dicevano [f. 10v] [^] messa et anco alli Gentilhuomini che non andavano a messa, et il tutto referiva al podestà Almoro Zane, dove che fece carcerare de preti et fece fare de precetti a Gentilhuomini che, sotto pene grandissime, dovessero andare alla Messa. Li capi sopra de quali feci instanza che fossero desaminati li padri furono questi: che io ero Religioso, che non davo fastidio a nessuno, che non ero huomo che facesse inventioni, che attendevo ad offitiare la chiesa continovamente di giorno e di notte, che per la nostra Contrada de' servi ero in buona fama, et che non davo scandalo nessuno et che attendevo alli fatti miei, et non attendevo a fatti d'altri.

Fra Giovan Francesco cerca di mettere in cattiva consideratione per verità fra Antonio et ne adduce testimoni

Dal'altra parte io feci un poco di ragionamento della pessima vita di [^] fra Antonio (cercando per verità di metterlo in cattivissima consideratione appresso quelli signori): che fra Antonio sia persona scandalosa, che in Venetia giorno et notte stava in cose dishoneste, che era huomo di pochissima Religione, che era un seditioso et che nel monasterio de' Servi di Venetia haveva poste grandissime risse et seminate molte zizanie; et ne adussi li esempi et feci instanza che sopra di questi capi fossero desaminati quattro testimoni frati che a me molte volte havevano detto ogni male di fra Antonio. Di questi quattro tre erano venetiani, et gli dissi che molte volte hanno fatte delle reprensioni et amonitioni a fra Antonio riprendendolo delli suoi mali portamenti. In somma, dissi in quel caso tutto quello che Dio benedetto m'inspirava, et fatto questo me fecero ritornare nella solita prigione dove stetti alcuni giorni, che non me dissero cosa alcuna per rispetto che facevano desaminare li testimoni da me addotti in mia defesa.

[f. 11r] Ultimamente me si fecero condur dinanzi et me dissero che loro havevano fatto fare la carità in fare desaminare li miei testimoni sopra quelli capitoli che io desideravo; che però, se volevo dir altro in mia defesa, che me donano ancora tempo tutto quel giorno. Io gli resposi che come erano stati desaminati quelli padri che io havevo detto, che io non volevo dir altro. Et così me rimandarono al luogo solito.

La mattina sequente di novo me si fecero condur avanti et me dissero se io volevo dir altro. Io dissi che non volevo dir altro. Me soggionsero: "Dite pure adesso quello che volete dire, per che poi non sarete più ascoltato". Gli resposi che non havevo altro da dire, et loro dissero: "Adesso l'eccelso Consiglio di Dieci verrà alla vostra spiditione". Et così stetti alcuni giorni nell'ordinaria sepoltura non sapendo che cosa facessero della mia persona, stando sempre con la mente elevata a Dio.

Fra Giovan Francesco condannato alla morte

Ultimamente un martedì mattina me si fecero condur dinanzi, dove stavano tutti sedendo *pro tribunali,* et l'Avogadore me disse queste [^] parole: "l'eccelso Conseglio di Dieci hiersera venne alla vostra spiditione, dove che, per li vostri misfatti, ha determinato che voi in termine di tre giorni debbiate essere annegato; con questo però: che se voi confessarete li complici, debbiate stare un anno pregione et poi bandito da questo dominio in vita".[21]

21. "*E perché il reo, persona dell'accortezza che si può imaginare, essendo destinato a tal affare, aveva preparate le sue esposizioni, le quali, benché non sofficienti per appagare l'animo de' giudici, però non si poteva cosí chiaramente convincere, e l'eccellentissimo consiglio de' Dieci desiderava intensamente sapere il fondo di questa trattazione, e tutte le particolarità distinte, venne in una sentenza, che fra Giovanni Francesco fosse impiccato per la gola, con questa alternativa che, se in alcuni prefissi giorni di tempo revelasse tutto il trattato con la piena esposizione e giustificazione delle lettere, dopo esser stato un anno in carcere, restasse con perpetuo bando dal serenissimo dominio, con pena capitale se contravenisse.*" (Micanzio, *Vita*, p. 1364).

Che cosa disse fra Giovan Francesco quando fu condannato a morte

Io gli resposi intrepidamente che non havevo commesso misfatto alcuno [^] et che per ciò non havevo complice alcuno, ma che pregavo Iddio benedetto et la Beata Vergine che se degnassero, per loro pietà et misericordia, de recevere questa mia morte in pena delli miei [f. 11v] peccati et in salute dell'anima mia.

Fra Giovan Francesco nella sepoltura solo si raccomanda a Dio et lo prega che li perdoni li suoi peccati et sta aspettando l'hora della morte

Et così, con impeto et furore me fecero recondur in quella sepoltura de' vivi et quivi, in quelle tenebre solo, me gettai in ginochioni con la mente a Dio benedetto: ché, per sua pietà et misericordia, se degnasse di farmi [^] gratia di recevere l'anima mia nelle sue braccia, perdonandomi le offese fatte alla sua divina bontà. Et tutto il giorno stetti continuamente pensando li miei peccati et dimandandone perdono a Dio benedetto, et pregando la Beata Vergene et li santi del cielo che me volessero essere favorevoli et propitii nella mia morte, che fra poche hore aspettavo di recevere; et che me confermavo in tutto et per tutto nel voler divino, ringratiando sua divina Maestà c'havendo io da morire mi facesse gratia che morissi per causa della sua Chiesa et interesse della fede catolica; et tutto il giorno io stetti in questi pensieri appartenente al'anima mia.

Dio benedetto mette in mente a f Gio franc.o che debba manifestare le lettere et scritture che lui haveva salvate

La sera poi Dio benedetto me fece venire in memoria tutte [^] le lettere che io havevo havute da fra Antonio da Venetia, et in particolare quella prima lettera che lui scriveva a Roma, in materia che lui era autore di voler dare il veleno a maestro Paolo, et che di Roma a questa sua lettera era venuto resposta che non volevano che si tentasse simil cosa, ma che se attendesse a provare di havere le scritture; dove che fra me stesso dissi: "questi me fanno morire per questo: che io, d'ordine del sommo pontefice et del Cardinal Borghese, habbi procurato la morte a maestro Paolo; et morendo moro con questo biasimo, et il Papa resta machiato nel'honore, il che è falso. Dove che, manifestando queste lettere, raquisto l'honore del Papa, del Cardinal Borghese et la mia vita, et faccio cognoscere che questi signori son mali aministratori di giustitia et che giudicano per passione. Faccio cognoscere fra Antonio per un [f. 12r] scelerato et un huomo Diabolico, et che lui è autore di voler dare la morte a maestro Paolo".[22] Et così stetti tutta la notte senza mai dormire, in questi pensieri. Pensai anco in questo che, per il contenuto di quelle lettere, ero necessito di nominare la Santità Vostra in materia che desiderava le scritture di maestro Paolo, et fra me stesso dicevo: "Questo non gli apporta biasimo, anzi, è debito suo di procurare di havere le scritture delli Nemici della sedia Apostolica; inoltre, se questo negotio di tor le scritture a maestro Paolo riusciva ad ogni modo, il mondo l'havea da capere sì, che questo suo desiderio apparicchi, non gli pregiudica a mio giuditio in cosa alcuna. Di più; io convincerò fra Antonio che lui haveva quel libro heretico per le sue lettere, sì che Roma restarà col suo honore et li Venetiani fra Paolo et fra Fulgentio et fra Antonio con dishonore: perché vi era un foglio di mia mano di tutte le cose che fra Antonio me haveva detto, insieme con le lettere, che manifestavano che li Venetiani tali e quali credevano poco, sì che per ogni conto loro restano sotto. Et così, questa volta, l'inganno sarà andato sopra l'ingannatore, et Roma restara con honore". Per che, Benedettissimo Padre, se io havessi saputo che quelle lettere havessero havuto apportarle, con manifestarle, alcun biasimo alla Santità Vostra, io gli dico, da qual'humilissimo et obedientissimo figliolo che gli sono, che io più tosto haverei voluto morire che vivere al mondo come un infame.

Fra Giovan Francesco manifesta le lettere, et fa cognoscere per verità che quanto havesse detto fra Antonio era falso et che l'havevano condennato a morte per quello che non era vero

Venuta poi la mattina venne alla porta della mia prigione un guardiano della pregione et lo pregai, per l'amor de Dio, che me facesse gratia de dire al Capitano delli Capi che me facesse far condur avanti [f. 12v] li signori di sopra. Et li da un poco me vennero a torre et come gli [^] fui dinanzi gli dissi: "Eccellentissimi, savissimi, per qual tanto che me dissero hieri, son venuto in pensiero che loro habbino desiderio di poter saper da me cose le quali gli habbino apportar contento et sodisfattione. Che me sia mantenuto quel tanto che me dissero hieri, che io in questo fatto dirò et manifestarò quello che io ne so". Respose il Malepiero: "Non ti pensare di essere venuto qua per darci d'intendere chimere et inventioni, per che ti faremo

22. "*Le cose che vennero a publica notizia e certe sono che di molte persone nominate in quella cifra, di padre, fratelli e cugini, per le contracifre constò, dal generale de' servi in fuori, niuna esser di dignità inferiore alla cardinalizia.*" (Micanzio, *Vita*, p.1363).

slongare il collo". Io gli resposi che tutto quello che io haverei detto gle ne havessi fatto toccar con mano, et ne sarebbono restati capaci come me stesso. Respose il Malepiero: "Quel tanto che ne si disse hieri è intentione del principe: non si puote alterare ne diminuire; però dite la cosa come passa". Io dissi: "Faccio instanza qui alla vostra giustitia, che debbiano mandare in Padova persone fidate nella nostra libraria del monasterio de' servi, et sotto il tal banco nel tal luogo trovarete molte lettere quali io ho recevute di Roma, che una chiama l'altra. Vi trovarete anco alcune lettere di fra Antonio scrittime di Venetia et ve ne trovarete una che lui scriveva a Roma, dalle quale lettere verrete in cognitione et toccarete con mano che fra Antonio è autore di voler procurare la morte a maestro Paolo et di volerli tor tutte le scritture;[23] et di Roma, quando lui scrisse di voler dare il veleno a maestro Paolo, venne resposta che non si tentasse questo ma che s'attendesse alle scritture. Io quello che persuasi a fra Antonio, per quello che me veniva scritto di Roma, sì era che lui dovesse pigliare qualche scrittura di maestro Paolo, per che Roma desiderava di saper che cosa lui scriveva per che sospettavano che scrivesse contro la Chiesa et il papa; et tanto più si confirmano in questo che giudicavano, che quel libro che fra Antonio haveva in camera fosse di maestro Paolo, [f. 13r] per che per le lettere di fra Antonio sostarà alla vostra giustizia che fra Antonio haveva in Camera quel libro. Et di più: fra Antonio ne haveva detto che il fine prencipale nel scrivere che faceva il maestro Paolo era di dar sempre adosso e scrivere contro li pontefici; et io queste cose che lui mi haveva detto le scrisse a Roma dove che, per questi interessi di Religione, desideravano di havere qualche scrittura di maestro Paolo: per venire in cognitione certa dove voleva battere et ferire col suo scrivere, et che dovessi persuadere a fra Antonio che si dovesse levare dalla servitù di maestro Paolo, per benefitio del anima sua, et andarsene a Roma dove sarebbe ben visto".

Vinitiani non hanno per scomunicato fra Paolo

Il Mozenigo soggionse: "Per che causa volevate persuadere a fra Antonio che per benefitio della sua conscientia si dovesse levare della servitù di

23. "*et egli [Graziani] ricercò che si mandasse publico ministro in Padova nella sua camera, ove in certo secreto furono trovate lettere in gran copia, con cifre e contracifre, per le quali restò chiaramente giustificato tutto il sopra narrato, con qualche cose appresso non publicate, né venute a mia notizia nel particolare; essendo la pietà di questo governo tale e tanta che stimò d'occultare tutto quello che non impediva l'essecuzione della sua mitissima giustizia.*" (Micanzio, *Vita*, p.1364).

maestro Paolo?" Io resposi per che in Roma lo [^] tengono per scomunicato maestro Paolo. Soggionse il Mozenigo: "Se loro a Roma l'hanno scomunicato, noi non l'habbiamo per scomunicato". Spidirono subbito a Padova quel Capitano che mi haveva retento (veramente era huomo da bene), et la mattina seguente fui di novo tolto di sopra. Stetti però tutto quel tempo con qualche sospetto che non ne se facesse qualche burla a quelle lettere, et andavo anco sospettando che non mi fossero state trovate. Ma Dio benedetto, che non abandona nessuno che di vero cuore confida in lui, le lettere furono trovate et, quando gli fui avanti, viddi in una tavola tutte quelle lettere registrate una sopra l'altra. Quando io le viddi, Dio benedetto sa che contento sentii et lo ringratiai con tutto il cuore che si degnava di essere [f. 13v] sempre in compagnia mia et in mia difesa conforme al suo detto *cum ipio sum in tribulatione*. Per che veramente, Beatissimo Padre, la mano de Dio provedeva al tutto, et se bene io non havevo alcun favore humano, havevo però il favor divino che ne illuminava su ogni cosa et mi defendeva con la sua potenza, et ultimamente mi ha libarato da tanti mali, conforme a quel che segue al verso citato *eripiamum cum per.*

Si leggono tutte le lettere di Roma et non contengono cosa alcuna di quello c'haveva detto fra Antonio

Me lessero tutte quelle lettere ad una ad una, per ordine che io havevo havute dal fra Bernardo di Roma. La prima era di questo tenore: che io dovessi andare a Venetia et veder d'intendere da fra Antonio, con bella maniera, che cosa scriveva maestro Paolo, et se scriveva *de vitiis pontificiis et de censuris*, et che gli persuadessi che per benefitio del'anima sua di levarsi dalla servitù di maestro Paolo, et che se ne veniva a Roma dove sarebbe ben visto, et che questo negotio lo trattassi come da me, et che non dimostrassi che lui mi havesse scritto cosa alcuna. Questo era [^] il contenuto della prima lettera. Furno lette tutte le lettere che io havevo havuto di Roma, una al tempo che fra Antonio vinne a Padova, dove che io all'hora soggionsi: "eccellentissimi signori, queste sono le lettere che disse fra Antonio che io gli havevo mostrato in Padova, che lui diceva che contenevano che d'ordine et comissione del Papa et del Cardinal Borghese io dovessi persuadergli a dare il veleno a maestro Paolo. Vedete mo' che non contengono questo, et che è falso quanto lui disse. Per quel che si vede da queste lettere, il loro desiderio era di havere qualche scrittura di fra Paolo, per voler vedere dove voleva ferire et battere il pontefice col suo scrivere, et di havere nelle mani quel libro di quelle propositione heretiche che fra Antonio haveva in Camera, che lui negava che non era vero, et che era mia intentione". [f. 14r]

La resposta che viene di Roma di quanto scriveva fra Antonio di voler dar il veleno, che non vogliono

Io dissi: "vedete le lettere di fra Antonio, dalle quali cognoscerete chiaramente che lui s'offeriva volontariamente da se stesso di voler dare la morte col veleno a maestro Paolo, et la resposta che venne di Roma alla offerta che faceva fra Antonio di voler dare il veleno a maestro Paolo è che non vogliono che si tenti questo, ma solamente la [^] cosa delle scritture. Et vedete l'altre lettere che contengono questo, che non vogliono acconsentire a questo et non vogliono che si faccia, ma solo che l'attendesse alle scritture, per che fra Antonio si era esibito di volergliene levar tutte a maestro Paolo; et Roma desiderava solo le cose giuste".

Bestialità che diceva il Malepiero

Francesco Malepiero, che non pensava che il negotio dovesse riuscire in questa maniera, et che cognoscevano di havermi condennato alla morte per quello che non era vero, con tutto ciò che conosceva la verità, havrebbe però voluto che io havessi detto che era vero che d'ordine di Roma havessi persuaso la morte a maestro Paolo; vecchio diabolico, che parlava veramente da vecchio impazzito, et per sdegno et rabbia [^] era fuori di sé, per che vedevano di haver preso un grancio, et che ne restavano sotto del'honore, et gridassimo insieme alla gagliarda. Et l'Avogadore se ne scandelizzava et se strengeva nelle spalle, et mi faceva di cenno che io havessi patientia, per che cognosceva la bestialità di quel Vecchio impazzito et ignorante: non era offitio suo l'interrogare, ma dell'Avogadore; et veramente l'Avogadore, che cognobe la verità del fatto, et che di già per prima lui haveva lette et registrate tutte le lettere, mi compativa (cosa che non faceva per prima) et mi faceva molte volte cenno che stessi di buono animo: [f. 14v] et quando dicevo qualche cosa importante contro fra Antonio, me la faceva replicare due et tre volte et me faceva faccia allegra. Quando gridavo alla peggio con quel vecchio impazzito, gli dissi: "Gran cosa è questa: che cognoscere che di Roma non è venuto di questo ordine et che non è la verità quello che ha detto fra Antonio, et pur vorresti che io lo dicessi".

Contrasto col Malepiero per le sue bestialità

Il mal et diabolico vecchio, sentendo le mie resposte, non poteva haver patientia et disse questa altra bestialità senza proposito: et dire

[^] che me haverebbe fatto impiccare per la gola. Io gli resposi che mi facesse impiccare et che mi facesse fare tutto quello che gli pareva et piaceva, ché non haverei mai detto quello che non era vero, per che non volevo dannare l'anima mia. Si gettò questo maledetto vecchio la beretta sotto li piedi per collera, et ci eravamo tutti doi riscaldati di maniera tale che il secretario Cumino fu sforzato a dirmi: "Padre, quietativi un poco et pigliate fiato". Veramente era cosa di impazzire il sentire gli grandi spropositi di quel maledetto vecchio di Susanna; et quelli altri signori restavano scandalizzati et, per modestia, havevano patientia di sentirne quelle bestialità et pazzie. Io restai maravigliato che loro dessero offiti a gente priva di ragione et di discorso.

Ragione che apporta il Mozenigo doppo che conobbe che di Roma non ne era ordine alcuno

Il Mozenigo, che vedeva et toccava con mano che io non havevo havuto ordine alcuno di Roma (si come haveva detto fra Antonio), [^] cominciò a dire in questa maniera: che l'offitio et debito del buono et fedele servitore era di cercare di far sempre di più di quello che gli veniva comandato dalli padroni et che così havevo fatto ancor io che, havendomi imposti li miei padroni il negotio di procurare le scritture di maestro Paolo, et che io, per fargli cosa più grata, havevo procurato et tentato di far tor la vita a maestro Paolo.

Resposta alla ragione del Mozenigo

Io resposi che il servitore deve servire il [f. 15r] il padrone in quelle cose che gli vengono comandate et cercar di far con ogni diligentia quello che gli viene imposto: "Il procurare di haver qualche scrittura di maestro Paolo non è gran cosa, ma il passare di qualche scrittura a volergli procurare la morte: questo è un passare da uno estremo et l'altro. Se il padrone mi comanda che io [^] veda di haver qualche scrittura di maestro Paolo et che io, per quanto potessi, me affatigassi di haverle tutte, questo sarebbe un servire il padrone più di quello che lui giudicava. Ma se sta però sempre nell'istessa materia et nell'istesso soggetto, sì che non camina che io, per far più di quello che mi veniva comandato, dovessi procurare la morte di maestro Paolo". Questi discorsi et ragionamenti furno fatti sopra delle lettere di Roma di fra Bernardo, avanti che fossero lette le lettere di fra Antonio. Io, avanti che si cominciassero a leggere le lettere di fra Antonio, dissi: "Da queste lettere di fra Antonio cognoscerete l'origine d'ogni male et che io non sono autore in modo alcuno di procurar la morte di maestro Paolo."

Doppo l'essersi lette tutte le lettere di fra Bernardo et cognosciuto chiaramente che quanto haveva detto fra Antonio era falso: sì che l'intentione di Roma per quelle lettere non era altro che di havere le scritture di fra Paolo per le cause addotte et di havere quel libro di propositioni heretiche che fra Antonio haveva in camera.

Mozenigo dice di non volere alla fine altro che la verità

Il Mozenigo, cognoscendo la verità del fatto, me si voltò e me disse [^] con gran modestia: "Padre, noi alla fine non vogliamo altro che la verità, et non altro". Io resposi: "Sia lodato Iddio che la toccate con mano". [f. 15v]

Fra Antonio convinto di havere quello libro heretico per le sue lettere

Me lessero poi tutte le lettere di fra Antonio nelle quali lui [^] me diceva che lui haverebbe copiato quel libro et che me l'haverebbe mandato, et io soggionsi: "Vedete mo' signori, et toccate con mano che fra Antonio haveva quel libro heretico in camera: così pernicioso alla fede et Religione Christiana et catolica, et che non è vero che fosse mea inventione, sì che cognoscete et toccate con mano che io dicevo la mera et pura verità et che, per zelo di Religione, dovevo fare quello che io feci e pur convinto per gratia de Deo". Quelli signori non seppero che cosa se dire; gli calorno le parole et il Malepiero non parlava più.

Lettere che fra Antonio dimanda denari

V'erano delle altre lettere di fra Antonio che me dimandava [^] denari per poter haver comodità di effectuare il negotio per ogni occasione che fosse venuta, et che le cose sarebbero andate benissimo.

Fra Antonio per le sue lettere convinto di salvarsi), convinto di haver cercato il veleno per dare a fra Paolo; convinto di voler tor tutte le scritture a fra Paolo

Ultimamente lessero quella che conteneva che lui da se stesso si offeriva di voler dare il veleno, la quale era tanto chiara che lui era autore et inventore di voler procurare la morte a maestro Paolo che non se poteva dir più: nella quale si confessava di haver [^] quel libro hereticho; di confessava di voler levar tutte le scritture a maestro Paolo. Gli raccontai il modo et la maniera che quella lettera me era restata in mano, di come ho scritto di sopra: che era stato miracolo de Dio che quella lettera mi fosse restata nelle mani, che era stata dispositione divina. Gli dissi: "Dio benedetto prevedeva il tradimento che mi doveva esser fatto; mi provedette anco del modo col quale mi dovevo liberare et salvare. "Toccate pur con mano, eccellentissimi signori, che fra Antonio era un scelerato: che lui è autore d'ogni male et di voler dare la morte a maestro Paolo, e ha infamati tanti che non ha temuto di mettere la bocca nella corte di Roma. Anzi ha havuto ardimento d'infamare il sommo pontefice, il [f. 16r] il vicario di Cristo in terra, di cose che era innocentissimo, et infamare li cardinali della corte di Roma. Gli conviene, pure sforzosamente, contro sua voglia, di restituirgli la fama et l'honore che sfacciatamente et diabolicamente gli haveva levata al suo dispetto". Quando furno lette tutte le lettere di fra Antonio, il Mozenigo disse: "Io la vedo che tutto il male ha d'andare sopra di fra Antonio". Io resposi: "La verità bisogna che si cognosca et non puote stare nascosta".

Fanno carcerare fra Antonio

Cognosciuta et toccata con mano la verità del fatto et che fra Antonio era inventore di tante sceleratezze et di tanti mali, lo mandarono a far prigione, et come fu prigione gli presentarono le sue lettere [^] avanti, e così fu convinto di tante nefandità et falsità et c'haveva infamata la Santità Vostra de cose che ne era innocentissima. Fra Antonio poi se voleva defendere che quella lettera (che lui scriveva a Roma) che glie ne havevo composta io, et io sopra di questo ne fui interrogato. Io risposi: "Quella lettera fra Antonio la scrisse et sigillò mentre io ero a mattutino, sì come vedete chiaro che è stata disigillata, sì come ne ho detto di sopra, se io glie ne havessi aperta per vedere il contenuto di essa lettera. Inoltre, se gliene havessi composta io, haveressimo mandata questa et non sarebbe occorso a scrivere un'altra, per la cagione che io gli dissi di sopra: che questa lettera parlava troppo chiaramente, et io glie dissi che dovesse scrivere il suo pensiero più oscuro sì come poi lui fece et quella fu mandata a Roma et questa me restò per miracolo de Dio, sì come vi ho detto nelli altri costituti". Di più io [f. 16v] io gli dissi: "Leggete quella mia minuta di quella lettera che io scrissi a Roma quando fra Antonio scrisse questa e cognoscerete che è tanta differentia dalla sua frase et la mia quanto il giorno dalla notte". L'Avogadore rispose: "in questo non vi è difficolta nessuna, che è frase di fra Antonio; la lettera et è stata composta et scritta da lui" et così, per miracolo de Dio, chi haveva intorbidata l'acqua doveva anco beverla [^].[24]

24. [inscritione del libro heretico].

Inscritione del libro heretico

Era anco fra quelle lettere quattro dita di carta di mia mano, dove era notato il titolo del libro heretico che fra Antonio haveva in camera, *Confessioni di fede d'alcune chiese* (ecc).

Copia delli fogli mandati a Roma

V'era anco, fra quelle lettere, copia di quelli doi fogli che io havevo trovati in camera di fra Antonio, et che [^] gli originali li havevo mandati a Roma, che sostenevano cose perniciose et queste ancora furono viste.

Foglio dove erano notate cose contro la fede contro di fra Paolo, di vinitiani et di fra Fulgentio

V'era anco un foglio, pur di mia mano, dove erano notate molte cose che fra Antonio me haveva conferite in Padova [^] et io, per raccordarmele, l'havevo notate per essere tutte cose diaboliche et contro la fede. Dirò quelle che mi raccordavo. La prima notatione era questa: "Dimandando io a fra Antonio in Padova che cosa diceva maestro Paolo et quelli Gentilhuomini suoi interni del Giubileo c'haveva mandato il sommo pontefice. Me respose che loro se ne burlavano di queste cose et che il papa non poteva fare queste cose. Io gli soggionsi: "ho pur saputo che alle processioni in Venetia si era della Nobiltà"; me respose che ve erano delli ignoranti ma gli huomini dotti et intelligenti intrinsichi di maestro Paolo se ne burlavano".

De la scrittura sacra scrive inventioni di Mosè

V'era annotato che, dimandando pur io a fra Antonio che cosa dicevano maestro Paolo et li suoi nobili intrinsichi della sacra scrittura et [f. 17r] et di Mosè, che era stato così caro a Dio benedetto, me respose che non era vera la scrittura sacra ma che Mosè era un huomo astutissimo et desideroso di dominare, et che quelli popoli erano semplici et idioti et Mosè gli dava di intendere tutto quello che voleva lui con dargli da intendere mille fandonie con dire c'haveva parlato con Dio,[^] et che quando andò sul monte per la legge fu un suo inganno, per che prima si haveva provisto in quel luogo (dove voleva stare nascosto) da mangiare; et che poi dette ad intendere di haver havuto la legge da Dio erano tutte sue inventioni: per farli aderire et tenere et così, in questa maniera, gli dava da intendere mille † et chimere. In tutta somma, concludeva che la creatione del mondo che dice Mosè non era vera, et maestro Paolo trovava l'historie delli Egiti di quatordici milla anni.

De la Apocalisse et vangelio di S. Giovanni chimere et sogni

Me disse di più dell'Apocalisse di San Giovanni: che quelle cose che lui diceva in quella Apocalisse erano tutti suoi sogni et inventioni [^] et chimere e che erano cose da riderci. Soggionse anco: "Vedete che quando comincia a scrivere il Vangelio che dice, *In principio erat verbum et verbum erat*, che non sa ne anco lui da se stesso che cosa si voglia dire", et questo anco era notato come di sopra nel foglio, et che fra Antonio l'haveva sentito dire nelli ragionamenti che faceva Paolo et alcuni suoi intrensichi et familiari.

Che San Francesco fusse un furbo

Dimandoli io che cosa diceva maestro Paolo et quelli suoi amici et familiari delli santi, et in particolare di San Francesco, che era [f. 17v] stato così grande imitatore delle vestigie di Giesù Cristo; fra Antonio subito me respose che loro dicevano che San Francesco era stato un [^] gran furbo et sciagurato. Io resposi: "o Giesù! come un gran furbo che è stato una imagine della vita di Cristo, et che hebbe li stimate nella sua persona!?". Lui subbito respose (che veramente si cognosceva che possedeva questa diabolica dottrina) che non era vero: la cosa di san Francesco sta in questa maniera come ne dirò io adesso. Disse fra Antonio: "Il papa di quelli tempi, per volere tenere in eredità la Chiesa, si accordò con san Francesco che il papa haverebbe certificato che lui havesse le stimate nel suo corpo (ma che non era vero), et che non vi era altro che quel papa che dichi di haverle viste; et questo per tenere per questa strada in credito la Chiesa".

Fra paolo ha intelligenti con tramontani

[^] V'era annotato in quel foglio che maestro Paolo riceveva lettere et libri d'Inghilterra, di Germania et di Francia, et che Re et Duchi gli scrivevano.[25]

25. La collaborazione di Sarpi con gli ambasciatori protestanti William Bedell ed Henry Wootton è stata ormai confermata da diversi documenti (in caso non ci bastassero le sue svariate lettere con interlocutori protestanti per confermare questa simpatia): il periodo più intenso e proficuo di questi sforzi congiunti è l'estate del 1608, quando padre Paolo e Fulgenzio Micanzio iniziano a studiare la lingua inglese con la finalità di tradurre il *Book of common prayers*, il libro di preghiere protestanti, e diffonderlo a Venezia. Le simpatie protestanti di Sarpi iniziano però per necessità ed ambizione: durante il conflitto dell'interdetto, nel febbraio 1606, quando ancora non si sa come reagirà il clero veneziano alle azioni della Repubblica, il teologo scrive a Gavril Seviros della possibilità di una nuova chiesa veneziana di stampo greco, autocefala (con a capo il patriarca di Venezia che avrebbe avuto sia poteri temporali che spirituali). Non potendo dare vita alla

V'erano molte altre cose importante annotate quali tutte non mi ponno tornare a memoria.

Fra Fulgentio impara la lingua inglese per che fine

L'ultima annotatione era questa, et mi raccordo le formali parole: "Maestro Fulgentio impara la lingua Inglese da quel che predica alla Calvinista, all'Ambasciatore del [^] Re d'Inghilterra con pensiero". Leonardo Mozenigo me dimandò che cosa voleva diri quello "con pensiero". Io resposi: "Che fra Antonio mi haveva detto che se le cose di Venetia un giorno fossero andate in altro termine di quello che vanno al presente (c'havesse qualche sospetto di non essere sicuro), che se ne voleva andare in Inghilterra a predicare". Il Mozenigo respose: "Oh buono".

[f. 18r] Questo foglio dava da cognoscere che maestro Paolo non crede cosa alcuna, et il simile de molti Nobili, et gli fu un sfregio nella faccia in loro mala disgratia et Dio benedetto permisse che vi fosse anche questo foglio fra quelle lettere, per loro vergogna et dishonore. Se io non havevo quella lettera di fra Antonio (dove si confessava lui autore di voler dare la morte), io ero morto, per che si bene io havessi detto la verità: qualmente fra Antonio era autore d'ogni male et di voler dar la morte a maestro Paolo, et che di Roma non havevo havuto tal ordine, non mel haverebbono creso; et per che il loro desiderio era che io dovessi dir di si, et io non l'haverei mai voluto dire per non vero, et così me haverebbono fatto morire.

Se io, per qualche accidente, me ne fussi fuggito di quello stato per qualche sospetto, haverebbono fatto comparire fra Antonio in giuditio et haverebbe detto quelle falsità della santità Vostra, che me disse in fronte a me, et haverebbono messo fuori quella voce falsa. Ma, poi che maestro Paolo et fra Antonio havevano determinato di fare questa poltronaria, non poteva riuscir meglio in dishonore loro di quello che è riuscita; et se bene

nuova chiesa immaginata, Sarpi stringe i contatti con l'Inghilterra, l'unica potenza che sta offrendo appoggio militare alla Repubblica, e che potrebbe permetterle di staccarsi dalla monarchia papale; la collaborazione, proseguendo molto oltre la risoluzione del conflitto, arriva ad un punto tale da far scrivere a William Bedell dei due frati: "sono completamente nostri". Contrariamente alle convinzioni di Bedell, la convinzione di Sarpi vacillerà, probabilmente a causa delle pressioni della Santa Sede, che dopo l'attentato fallito al ponte di Nona continuano ad intensificarsi: dopo aver nutrito le speranze del primo ambasciatore, Henry Wootton, che il 26 febbraio 1607 manda una lettera scrivendo che il frate gli aveva detto che i tempi erano maturi per una congregazione clandestina a Venezia, padre Paolo si tira indietro, lasciando Fulgenzio Manfredi in prima linea con le sue prediche filo protestanti.

io vi ho messo la vita, et ho patito così longa et penosa prigionia, ho però salvato l'honore della santità Vostra et della Corte di Roma et fatteli cognoscere loro per huomini pessimi et scelerati senza Religione. Il tutto però è stato voler divino, che mi ha sempre sominístrato la sua santissima gratia.

Giovan Francesco condotto fuori della sepoltura in una altra prigione al chiaro

Lette che furno tutte quelle lettere et viste quelle scritture di mio pugno, mi fecero ritornare nella sollita sepoltura dove vi stessi da doi giorni, et poi me si fecero di novo condur avanti et l'Avogadore me disse: "L'eccelso Conseglio di Dieci determino hiersera, che voi [f. 18v] [^]dobbiate essere mandato al benefitio dell'alternativa dell'anno della prigionia; però doppo desinare sarete menato in una delle prigioni delli savissimi Capi di là da canale. Però ringratiate questi savissimi della benignità che vi hanno usato".

Malepiero dice che debba pregare per la republica

Il Malepiero, che non mi haveva più detto cosa alcuna da quel tempo in qua c'haveva gridato, me parlò et disse che io dovessi [^] pregare Dio per quella Republica: "Poi che noi, alla fine, non desideriamo altro che la pace".

La Religione non da aiuto nessuno a fra Giovan francesco et dorme in su le tavole

Il Mozenigo me disse che io dovessi scrivere a Padova alli padri: che mi dovessero mandare il letto et che, quando volessero scrivere, dovessi mandare le lettere aperte in man loro, sì come facevo.

Scrissi in Padova che mi dovessero, per l'amor de Dio, mandare un poco di letto et darmi qualche aiuto di poter scrivere. Non mi vollero mandar né letto né darmi un aiuto imaginabile (con tutto che fossero obligati) dove che mi conveniva vivere del pane della limosina et bere dell'[^]acqua, et dormivo sopra le nude tavole senza cosa alcuna. Li guardiani delle prigioni, vedendo la mia miseria, andarono per carità a trovare il pievano di san Marco, qual era sollito di far qualche carità alli poveri prigioni, et mi fecero comprare un pagliariccetto, quanto mi potevo destendere, et così son stato sempre. La mia religione non me ha mai dato un aiuto al mondo, et li superiori poca cura si pigliavano che per uno interesse, et chi per un altro, in tutto quel tempo che son stato prigione nessun frate della mia Religione me fosse mai stato a visitare: se imaginavano, per usar ogni crudeltà et impietà verso di me, acquistar la gratia di fra Paolo. E pure, Beatissimo padre, ero prigione, et pativo per honore anco della mia Religione; e però ben potevo dire *maledictus homo qui confidit in homine.* Sì che, spogliatomi d'ogni speranza mondana, non havevo altra speranza in quelle mie miserie, che nella bontà et misericordia de Dio benedetto, che veramente mi ha [f. 19r] preservato per miracolo: poi che dovevo morire non una volta ma cento, e' pur il signore si è degnato de liberarmi da tante morti et da tanti ligami; poi che prima che se arrivasse alla prigione dove stavo per l'anno della condanna si passava per undici porte, tutte foderate di ferro, et la prigione era di pietre vive, che la maggior parte del tempo gettavano aqua; et similmente, il volto di sopra era di pietre vive et ben spesso vi gocciavano addosso. Sia lodato Dio, che si è compiaciuto di farmi patire tante pene et miserie et poi liberarmi fuori d'ogni pensiero humano, acciò maggiormente habbi da cognoscere la sua divina potentia et che lui solo, senza favor humano, mi ha liberato et preservato. Alcuni buoni padri prima dissero che io vi era condennato quattro anni; et poi dieci; et a Perugia scrissero che vi ero condennato per cento un anno, acciò che la mia povera madre stesse continuamente in pianti et lamenti et morisse di dolore. Ma quello che non ha potuto fare il dolore, Beatissimo Padre, l'ha fatto l'allegrezza, poi che mia madre, subbito di lì a poche hore, hebbe la nova che io era libero et che mi trovavo in Roma fuori di tante miserie, se ne passò per allegrezza nel altra vita. Sia pur lodato Dio, che mi ha favorito di farmi patire per cause pie, ché maggior gratia non mi poteva fare; e poi si è compiaciuto di condurmi in luogo dove possi continuamente attendere a ingratiare la sua diurna misericordia di tanti benefiti et gratie. Recente e di novo, sarò sempre pronto di spendere questa vita et spargere il sangue in servitio di santa Chiesa, et gratia maggiore non potrò ricevere dalla santità vostra che darmi occasione che io possi andare a spargere il sangue per la fede di Giesù Cristo nostro signore, et in difesa et honore della santa sedia Apostolica. [f. 19v]

Vogliono far morire fra Antonio per essere colpevole di tanti mali

Convinto che fu fra Antonio, et cognosciuto colpevole et inventore di tante falsità, lo vollero far morire. Quando maestro Paolo seppe che il [^] fin della tragedia si doveva convertire in pianto et in morte del suo cinedo, et che la tragedia che dalla parte loro haveva cominciato in allegrezza, et che fra Antonio haveva havuto pensiero, con far morir me innocentemente, di guadagnare una taglia di quattro milla scudi; et vedendo maestro Paolo che l'acordo fatto fra lui e fra Antonio, di volere toccare l'honore et reputatione di Vostra Beatitudine et della corte di Roma et fra Paolo con questo mezzo aquistar maggior grido et fama;

Fra paolo dimanda in gratia fra Antonio che non lo facciano morire

et toccando con mano che Roma restava con honore et maestro Paolo et molti altri restavano con dishonore, et vedendosi arrivati a questi termini inpensati di restar sotto del'honore et di perdere per man di giustitia il suo Cinedo, et vedendo di non poter rimediare il primo, pigliò espidiente di voler salvar la vita a fra Antonio, et così andò. Et con li prieghi lo dimandò in gratia, dove che [^] li Illustrissimi gli fecero questa gratia della vita, et fu bandito da Venetia per doi anni.[26] Et che fosse bandito ne fu cagione maestro Fulgentio: sì per che dimostrò di havere havuto intentione di voler dar la morte ancor a lui, come anco per altri particolari che maestro Fulgentio era stato nominato in processo.

Fra Antonio tenuto morto per molti giorni

Poi che la intentione di maestro Paolo era di ripigliar fra Antonio alla sua infame et dishonesta servitù, se sparse questa voce per tutta Venetia che fra Antonio fosse stato annegato; per che di già s'era saputo il tradimento et assasinamento fattomi a me; et io quella sera che [^] ci fu detto che a cinque hore di notte lo dovevano menare a' negarlo, feci fare oratione da tutti quelli prigioni, con pregare Dio che gli perdonasse così grandi eccessi; si sparse questa voce anco per le città di terra ferma et fu tenuto per morto fra Antonio per molti e [f. 20r] molti giorni. Quando si seppe poi che maestro Paolo l'haveva fatto liberare, molti restarono scandalizzati di maestro Paolo et ne fecero cattivo giuditio: con dire anco che lui vi haveva atteso dell'honore a non lassarlo morire et che, se l'havesse fatto per buon zelo, doveva maggiormente far liberare me dalla prigione et non fra Antonio, autore di tante sceleratezze et falsità. Questo è il fine del processo et il suo contenuto. Ho descritte le cose in quella maniera che sono passate, in quel meglior modo che io ho potuto; et quanto qui scritto si conti è la verità, et

26. "*et a cosí grave ingiuria il padre non si scosse punto dalla sua mansuetudine, ma pregò, supplicò piú volte, s'inginocchiò, dimandò esso in grazia in virtú de' servizii ch'egli prestava al publico, che non fossero per sua causa fatti spettacoli con disonore della sua religione, intrinsecamente e cordialmente dolendosi che la sua vita dovesse esser di rovina ad alcuno. E fu come concetto che le sue instanze, ufficii e preghiere fossero in gran parte causa della sudetta alternativa.*" (Micanzio, *Vita*, p. 1364).

il simile è di tutto quello che la Santità Vostra trovarà annotato della Vita di fra Paolo, di fra fulgentio, di fra Antonio, et di quanto dirò de Nobili.

Vita et costumi di fra Paolo de' servi da Venetia

Nella religione fra paolo ha havuto sempre nome di non credere

Beatissimo padre, fra Paolo non ha ingannato mai la nostra Religione del concetto che di lui haveva: sì di non credere et essere Atheista, come anco dedito al vitio nefando.

[^] Il Cardinale di Santa Severina, di bona memoria, protettore di questa Religione, che sapeva li secreti della Religione et sapeva in particolare la vita di fra Paolo, quando intese che, al tempo di papa Clemente, veniva proposto dalla Republica ad un Vescovato, disse: "Non voglio che lui sia, per ché non crede cosa alcuna", et soggionse: "Di più: so ben io che molti tramontani che vanno a Venetia dimandano di lui; è fama pubblica per la Religione che sono moltissimi anni che fra Paolo frequenti alcune radunate secrete in Venetia".

Fra Paolo fomenta la setta di Calvino

Fra Antonio mi disse che venivano persone a posta d'Inghilterra, di [f. 20v] Germania et di Francia solamente per ragionar con lui; et che in quelli paesi era stimatissimo et tenuto per il maggior huomo c'habbi hoggidi il mondo, che le genti dell'Ambasciatore de Inghilterra venivano spesso a trattar con lui alla stretta.

Per che maestro Paolo vede che, essendo lui Atheista, et che con [^] questa opinione non puo l'fare molto danno alla Chiesa, favorisse, per sdegno che tiene con la Chiesa, et mette inanzi la setta di Calvino.

Fra Paolo dice che tutte le leggi sono buone

Me disse a me in Venetia un Hebreo,[27] che me dimandò che giuditio [^] facęvamo delli Hebrei fatti Christiani, io gli resposi che noi ne facevamo benissimo giuditio. Mi soggionse l'hebreo, c'haveva ragionato con

27. "*Si scrivevano anco lettere, et a fra Antonio s'indrizzavano in mano di certo ebreo.*" (Micanzio, *Vita*, p. 1362). Anche se nulla ci garantisce o suggerisce che si trattasse della stessa persona, è ragionevole pensare che Graziani avesse posto la sua domanda all'uomo che faceva da tramite per le lettere sue e di Bonfini.

maestro Paolo sopra di questo particolare et che gli haveva detto che tutte le legge sono buone purché se viva da huomo da bene.

Lui ha havuto nome di non dir mai offitio, et me l'ha confirmato fra Antonio.

Me disse fra Antonio: "Alcuni anni sono che maestro Paolo ragionando del'Arca di Noè, che se ne rideva et burlava".

Me disse fra Antonio che, come fosse stato alli piedi di Vostra Santità, che gli voleva far saper cose di maestro Paolo che ne haverebbero fatto avvizzare li capelli. Io gli feci instanza che me lo dovesse dire; lui me respose che non mi voleva dir altro, poi che io le haverei scritte a Roma: "Et io come fossi dinanzi al papa non gli potrei dire cosa alcuna di novo, che gli fusse per gustare, et quando le saprà restarà stupito" sì che, se fra Antonio se havesse nelle mani, si saperebbono di gran cose et di gran particolari.[28]

Cinedi di fra Paolo

In quanto al vitio Nefando.[29]

Fra Fulgentio è stato suo Cinedo; così è voce pubblica et fra Antonio me l'ha detto di certa scientia.

28. [cinedi di fra Paolo].

29. Per approfondire l'argomento si consiglia Vittorio Frajese, *Une histoire homosexuelle: Paolo Sarpi et la recherche de l'individu à Venise au 17ème siècle*, Paris, Classiques Garnier, 2022. La notizia dell'omosessualità di Sarpi non ci giunge nuova: due importanti testimonianze sono presenti nella raccolta di accuse messa insieme dall'inquisitore Giovanni Domenico Vignucci da Ravenna in seguito all'accusa mossa a padre paolo da Gabriele Dardani. Raccogliendo le testimonianze dei compagni di Mantova, questi ci riportano di come fosse di dominio pubblico il fatto che Sarpi fosse "Alcibiade" (termine per indicare gli omosessuali), senza contare che, pur non specificando con chi Sarpi avesse rapporti, arrivano alle orecchie di Vignucci le voci riguardanti la vita amorosa disordinata del teologo. Altri indizi riguardanti la sessualità di Sarpi provengono dalla Vita del padre Paolo di Micanzio: fin da giovane in convento padre Paolo si guadagna il soprannome di "la sposa", nomignolo sospetto ma mai quanto la volontà del frate di farsi rasare intimamente esclusivamente da Bonfini (ciò viene giustificato come una cortesia che qualcuno gli avrebbe dovuto per forza fare visto il prolasso rettale di cui soffriva). Il desiderio di rimanere solo con il copista per la rasatura sembra un pretesto per avere maggiore libertà di approfondire un rapporto intimo per ben altri motivi, e le interessanti informazioni aggiunte da questo resoconto riguardo la sessualità di padre Paolo non fanno che accentuare questa percezione. Riguardo questo tema di grande interesse è anche l'interpretazione dei Pensieri medico morali fornita da Vittorio Frajese in *Une histoire homosexuelle*, che rilegge le ambiguità del testo secondo la tesi dell'omosessualità del teologo.

[f. 21r] Fra Giovan Francesco da Venetia è stato suo Cinedo, et è quello che diceva di voler venire a levar della sedia Vostra Santità: il maggior temerario c'habbi il mondo!

Fra Cesare di Venetia, qual'è morto, io gli ho sentito confessare che fra Paolo lo haveva negotiato.

Fra Pietro da Padova ancor lui è stato uno cinedo: così è fama et io l'ho sentito dire da più persone.

Fra Valentino da Venetia è stato suo Cinedo, et l'istesso fra Valentino lo confessò alli suoi compagni, essendo che li suoi compagni s'erano acorti che andava di nascosto in camera di fra Paolo et tornava sempre con le saccocce piene di confetti. Gli dimandorno una volta chi gli haveva da queste confectioni et lui non lo voleva dire. Loro gli misero paura che lo volevano ridire al "padre" priore se non gli confessava la verità et così, acciò non dicessero cosa alcuna, gli confessò che lo negotiava et che gli dava delle confectioni; dove che, quando per l'avenire v'andava, quando tornava portava maggior copia di confectioni che non faceva per il passato, et questo me l'ha detto uno di suoi compagni chiamato fra Alberto da Venetia.

Fra Antonio viene negotiato di fra Paolo

Nella corte di Monsignor Nuntio, che fu quello che morse in Venetia, si diceva, quando Paolo andava a quella corte in compagnia di fra Antonio: "ecco il Cinedo di maestro Paolo".

Fra Bastiano, fra Santi, fra Giovanni (tutti da Venetia), più volte me hanno detto che Paolo negotiava alla sfilata fra Antonio.

[f. 21v] [^] Fra Angelo dal Borgo, che predicò in Venetia nelli Servi un anno (o vero doi avanti l'interdetto), me disse questo padre in Venetia che era voce et fama publica per il monasterio, che maestro Paolo stesse sempre su la groppa di fra Antonio; che magiore infamia di questo sciagurato di servirsi d'un sacerdote così vituperosamente!

Fra Antonio di sua bocca confessa di viene negotiato da fra Paolo

Fra Antonio stesso, quando fu a Padova, io gli dimandai se era vero che fra Paolo lo negotiasse; costui se ne rideva, io gli [^] dissi che m'era stato detto da molti frati. Ultimamente me lo confessò, che lo negotiava alla sfilata il porco di fra Paolo. Questi sono quelli che tengono per santi quelli babioni di quelli Pantaloni di quelli Vinitiani.

Atti dishonesti di fra Paolo

Me disse fra Antonio che fra Paolo tal volta caminava alla [^] presentia sua et di quelli che erano stati suoi cinedi ignudo per camera con la carne alterata, et che sentiva contento et guato in farsi vedere et toccarsi carnalmente in quella maniera. Haveva doi entrate alla sua camera: fra Paolo per la più secreta faceva entrare et uscire li Cinedi.

Me disse fra Antonio che maestro Paolo non poteva sentirsi nominar le donne, et che non haveva mai havuto da fare con loro et che glie puzzavano. Me disse che non se intricava con putti piccoli, ma che voleva che fossero grandi: per che li piccoli non potrebbero star saldi, per che la natura gli è stata buona madre. Maestro Paolo in apparenza vive alla politica: et chi non lo pratica alle stesse non lo giudicarebbe di così pessima vita et dedito così al vitio nefando, et chi lo vede et non lo praticha giudica bene, et così inganna il mondo; et non è maraviglia, per che chi vuole fare danno alla chiesa cercano di fare [f. 22r] di parere huomini da bene al mondo et così fanno li heretici, *intrinsecus autem sunt lupi rapaces.* Ma confido in Dio, che va per gastigarlo in questo mondo come merita, per esempio d'altri et *a fructibus cor cognoscetis* (così si cognosceva bene dalle sue opere chi è e di che piede camina). Padre Santo, stirpata che fosse questa cattiva pianta, le cose di Venetia pigliarebbono assai buon piede et la gioventù viene crescendo con queste cattive opinioni di fra Paolo, il che, più si va inanzi, maggior male cagionarà: per che li giovani possiedono la dottrina di fra paolo et io gli ho sentiti più e più volte discorrere et tengono le parole di fra Paolo per parole et resposta dell'oracolo.

Fra Agostino de' Servi da Verona, della setta di fra Paolo, che nel anno dell'interdetto predicava in Vicenza et era imitatore nel dir male della Santità Vostra, come quel frate, Fulgentio de' Zocholi, che è stato abrugiato; questo frate, havendo predicato l'avento, avanti che io fossi carcerato, nella chiesa de' servi di Venetia, dimandato da fra Paolo per che in quella Chiesa non vi predica se non chi pare et piace a lui et li superiori non ne sanno cosa alcuna; et questo frate li superiori non vogliono che predichi per le bestialità et heresie dette nel pulpito, et maestro Paolo, che in quella parte si tiene di haver la soprema autorità, li fa predicare. Questo frate, doppo l'advento, venne a Padova et la sera, quando andava a letto, venendo lui a ragionamento con un frate chiamato Ioseppe da Vicenza, disse questo frate Ioseppe ad un certo proposito: "Io ho la libertà della natura". Et questo fra Agostino che tornava [f. 22v] da Venezia rispose: "Et io ho la libertà della conscientia, menchione; et l'ho et la voglio havere"; fu sentito da un fra Roberto, et questo tale altre volte è stato all'Inquisitione. Questo frate ha predicato in Padova adesso, et io ho visto una lettera che scrisse un fra Roberto da Verona che diceva così: "Qua il nostro Calvino se ne passa questi giorni quatragesimali, i buoni capponi; et non vi viene nessuno alla predica per il buon nome che lui ha". Tutti li collegati di fra Paolo caminano per questa strada.

Fra Fulgentio, che è stato abrugiato, quando maestro Paolo era ferito ogni giorno il veniva a incitare; et per che io non lo conoscevo, frat'Antonio me lo mostrò e disse: "Quelli è fra Fulgentio de' Zocholi che predicava".

Vita di fra Fulgentio de' Servi: scolaro di fra Paolo, uno di quelli setti Theologi

Fra Fulgentio non dice offitio né si confessa

Io, Beatissimo Padre, son stato tre anni in Bologna in compagnia di fra Fulgentio, dove lui era Reggente, et dalla sua vita et ragionamenti ho cognosciuto che lui non caminava di buon piede verso la Religione.

Vero è che lui è un bellissimo ingegno, ma però male adottrinato da giovinetto da maestro Paolo; et di più, maestro Paolo nella Religione non ha mai voluto insegnare in longo se non di fra Fulgentio [^] maestro Fulgentio in Bologna non diceva mai offitio il che *facit inditium ad inquirendum de fide.*

Era voce che non si confessava et il simile ho sentito dire per la Religione;

Predicatione di fra Fulgentio scandolosa in Venetia

Non questa quatragesima, l'altra che fra Fulgentio predicò in Venetia in san Lorenzo (Monasterio di Monache), vennero molti [^] Gentilhuomini padovani li alla nostra prigione per visitare il signor Gasparo Cumano, et se dissero che maestro Fulgentio haveva detto che la confessione non era necessaria et che per Venetia non se diceva d'altro che questo fatto. Furno più e più che lo dissero, et di più che la sua predicatione apportava grandissimo scandolo et [f. 23r] et che li Nobili andavano per sentirlo se diceva qualche bella botta. Le partissimo fra Fulgentio et io di compagnia di Bologna: lui andava a predicare a Verona et io andavo a predicare nella Diocesi di Padova. Lui nel andare a predicare non portava il breviario: che segno di Religioso! Disse in Bologna ad un studente chiamato fra Giovan

Battista da Budrio, che dovesse attendere a darsi buon tempo et pigliarsi ogni spaccio, per che alla fine in un'hora si rende conto d'ogni cosa (volendo alludere con questo parlare di schermire et beffare la confessione).

Disse in Bologna che le parole della consacratione non si potevano sapere, per che Cristo, quando disse "*hoc est corpus meum*", di già per prima haveva consacrato, et che queste parole le disse quando gli dava il pane per prima consacrato; et lì, dà un pochetto acorgendosi che li studenti stettero sopra di sé (dove ero presente ancor io per haver sentita questa cosa), et lui, sospettando di qualche cosa, cercò di ripigliare il ragionamento et soggionse che questa era opinione delli Heretici, ma si conobbe che lui lo disse da male affetto.

Che gli libri d'esempi et miracoli non siano veri

Dimandandoli io informatione di due opere venute fuora: una chiamata *Speculum magnum esemplor*, et l'altra chiamata *Prato fiorito de esempi*, che contenevano miracoli del santissimo sacramento et sopra [che gli libri d'esempi et miracoli non siano veri] d'ogni sorte di materie cose da predicarsi, me respose: "Tutti sono buoni a un modo". Io gli soggionsi: "Come sarebbe a dire!" Lui rispose: "Voglio dire che non son veri quelli miracoli, et quelli esempi che quelli libri aportano sono inventati dalli huomini". Questo fra Fulgentio me lo disse a me.

In Bologna, essendo venuti di Roma la scomunica contro Venetiani, et io [f. 23v] havendo quel foglio in mano in camera sua et vedendo che io lo leggevo, me lo pigliò di mano con sdegno grandissimo: del qual atto io ne feci cattivissimo concetto et ne restai molto amirato, pensando male, poi che fra Fulgentio era tornato da Venetia cinqui o sei giorni prima havendo predicato in Udine la quatragesima et sapeva molto bene come le cose dovevano andare, poi che maestro Paolo molto prima era stato dechiarato Theologo della Republica di Venetia. Il compagno di maestro Fulgentio, chiamato fra Giulio, che era stato ancora in sua compagnia a vedere Venezia, cominciò a dire lì in Bologna, che non era ben publicata et che era invalida, et che non erano stati osservati li debiti modi, et cominciava a straparlare. Questo che lui diceva l'haveva prima sentito da fra Fulgentio; et questo fra Giulio, per la gran passione, cominciò a straparlare che io lo sentii più di una volta. Fra Fulgentio, in quel poco di tempo che stette in Bologna doppo la publicatione della scomunica, si cognosceva che lui era pieno di veleno.

Con tutto ciò che tutta la Religione et il mondo strepitasse che maestro Paolo che facesse et che dicesse in danno della Chiesa, se ben per ancora non haveva mandato fuori cosa alcuna in scrittura, et il Generale nostro, sapendo quanta amicitia et intrinsichezza passava fra maestro Paolo et maestro Fulgentio (che era Reggente di Bologna, che non si poteva dir più) nondimeno il padre Generale diede licentia a maestro Fulgentio che potesse andare a predicare quell' instante in Udine. Ma questa era una coperta, ma il fine era di voler fare quello che fece: di scriver contro la Chiesa, poi che maestro Fulgentio molto prima sapeva l'intentione di maestro Paolo, che gli haveva conferito li suoi diabolichi pensieri. Di già lo stato era interdetto, se ben ancora non erano passati li 24 giorni delli termini assegnati acciò che la scomunica havesse vigore, che fra Fulgentio si partì di Bologna per Venetia. Il Generale per li nostri ordini non [f. 24r] non li poteva dar licentia per che, come Reggente, maestro Fulgentio era obligato a leggere, et il Generale non haveva autorità di farlo avante dal leggere; sì che dal ritorno che fece maestro Fulgentio da Venetia in Bologna sua residentia, non vi se fermò in Bologna da dodici o quatordici giorni al più che ritornò a Venetia, et fu visto che porta seco un gran tamburo et valige di robbe et delli scritti (il che non era necessario se havesse havuto pensiero di ritornare), il che medesimamente diede cattivo inditio, et li frati cominciorno a dire vedendo fare queste cose che lui non sarebbe tornato più. Andò in sua compagnia fra Giulio, già suo Cinedo, et arrivato in Venetia stette alcuni giorni in compagnia di maestro Paolo e di poi se ne andò a Udine. Tornato che fu poi a Venetia, lì da poco venne fuori quel libro di quelli sette Theologi fra quali maestro Fulgentio era ancor lui sotto scritto; et il Generale fu cagione di questo per che, vedendo la fretta che faceva maestro Fulgentio in voler partire et in tempi così calamitosi et ingarbugliati (et sapeva che intrinsichezza passava fra maestro Paolo et lui), non gli doveva dar licentia, e tanto più che per vigore delle nostre leggi non lo poteva far avante dal leggere. Veramente tutti li padri di Bologna pigliarono amiratione, che il padre Generale havesse fatto questo "letra" falso.

Ma per che l'illustrissimo Generale era amicissimo di maestro Paolo et di maestro Fulgentio, gli volse dare questa sodisfattione con tanto biasimo della nostra povera Religione, anzi, di più, il padre Generale doppo di lui, per quanto poteva, voleva far Generale fra Paolo. Et, se non nasceva questo che è nato, lo faceva, essendo fra di loro amicissimi. [f. 24v] Fra Antonio me disse che il padre Generale gli scriveva spesso a maestro Paolo et che lui, tra le altre, vidde una lettera del padre Generale che si rallegrava con maestro Paolo della gran fama et grido che s'era sparso per il mondo del suo valore.

Quando maestro Paolo fu ferito il padre Generale stava quasi sempre in camera di maestro et me se trovai ancor io che andavo a Padova di stanza. Ma io non ci volli mai andare a veder maestro Paolo.

Io arrivai in Venetia doi giorni dappoi che fra Paolo fu ferito, et andai a loggiare al monasterio de' Servi: forse stava anco il Generale. Una mattina, doppo desinare, paseggiavamo io et un frate da Ferrara chiamato fra Hippollito, che era stato scolaro di maestro Fulgentio in Bologna. In questo mentre che stavono così, venne in Refetorio maestro Fulgentio per voler desinare, et così di compagnia tutti doi gli andassimo a far compagnia; et mentre lui era a tavola, si venne a ragionamento del caso occorso nella persona di maestro Paolo, dove che Maestro Fulgentio proroppe in queste parole e disse alla presentia mia et di fra Hippollito: "Questi buoni Vecchioni di questi nostri signori per sino adesso hanno saputo che in questo fatto vi hanno mano Papi, Cardinali et Nunti". De' Papi non [^] ce n'è altro che uno: si sa chi è.

Fra Fulgentio disse che non sarebbono passati vinti anni che li pontefici non haverebbe da far più in Venetia

Et poi soggionse: "Voglio dar lungo il tempo: non passaranno vinti anni che li pontefici per le loro bestialità non haveranno da far più cosa alcuna in questa città". Et disse di più: "questo fatto farà diventare tanti heretici, più che non ho io peli nella barba". Et a queste parole ero io presente et fra Hippollito, sì che, Beatissimo Padre, consideri che intentione è questa di questi scelerati et che fine diabolico sia il loro in voler far levare la città di Venetia dall'obedientia della Sedia Apostolica. Ma *Deus dissipabit* [f. 25r] *consilia impior*. Disse de pui fra Fulgentio che vi erano alcuni Gentili homini di portata, et gli nomino per nome, ma io al presente non me li raccordo, che facevano instanza che si dovesse andare a far violentia al palazzo del Nuntio di Vostra Santità. Son pieni di veleno, et se non se stirpano et vi si piglia qualche rimedio potente, costoro attendono a seminare la loro pessima semente et attendono a pigliar piede. Queste son cose che io le dico di certa scientia, dove che da queste premesse si può far giuditio di ogni gran male.

Ho sentito dir io da maestro Fulgentio che nella scrittura sacra vi sono alcune cose che non possono stare et che vi sonno tante contraditioni che non vi possono salvare et acordare.

Maestro Fulgentio in Bologna haveva amicitia di doi giovani fratelli di Udene, bellissimi, uno de quali (il minore) ben spesso dormiva in Convento che tutti li studenti il sapevano, ma però il priore non ne sapeva cosa alcuna. Questo giovane, chiamato Danielle, dormiva col compagno di maestro Fulgentio, chiamato fra Giulio, il quale era stato suo cinedo; la Camera di fra Giulio era vicina a quella di maestro Fulgentio, dove che li studenti facevano giuditio, che anco maestro Fulgentio ve andava a dormir di notte et che facesse il fatto suo.

Serretto cinedo di fra Fulgentio

Al presente in Venetia tiene continovamente in camera un giovane [^] bello deditissimo al vitio nefando et da chi lo cognove è tenuto per tale, e veramente è un famoso cinedo et e frate venetiano chiamato il Serretto, fra Antonio me disse che maestro Fulgentio se ne serviva come se fosse stata una donna ad ogni suo comando.

[f. 25v] Ho visto io quel giovane far mezzi donneschi con maestro Fulgentio, et una mattina io lo viddi uscir di camera di maestro Fulgentio avanti che fusse il giorno chiaro nel alba.

Dimandai anco a fra Antonio se maestro Paolo haveva da fare dishonestamente col Serretto, me respose di no e la cagione si è che è tenuto per cinedo troppo publico et che, di più, lo dice et se ne gloria et a maestro Paolo gli piace di far le cose secrete. Et io soggionsi a fra Antonio: "et per ciò maestro Paolo negotia voi: per che è securo che non lo direte et che così le cose passaranno secrete".

Vita et costumi di fra Antonio de' servi da Viterbo: secretario di fra Paolo de' servi da Venetia

Fra Antonio in Venetia faceva vita da santo avanti che praticasse con fra Paolo

Fra Antonio, avanti che praticasse così alla stretta con maestro Paolo, vi si cognosceva gran segni di Religione. Nel principio che lui andò a stare a Venetia teneva una vita bonissima: ogni notte si levava a mattutina, dormì anco (non so che tempo) in su le tavole, [^] portava le camicie di lana et digiunava spesso. Dopo di che si intricò et prese servitù con maestro Paolo et c'ha preso tutti li suoi costumi: ha in tutto e per tutto appostatato dalla fede sì che da questo si cognosce che cosa cagiona il praticare con gli tristi, et come il male facilmente s'abraccia. Fra Antonio, c'haveva cominciato a dar così buono odore, disse che tutti restavano maravigliati della sua buona vita, attacatosi in amicitia con fra Paolo è divenuto così pessimo che non crede niente; o che mutatione, di buono diventar così pessimo di non creder cosa alcuna! La vita di fra Antonio doppo l'haver apportato è in parte un simulacro di fra Paolo, et se fra Antonio per praticare con fra Paolo è diventato così scelerato, adunque bisogna concludere, che maestro Paolo sia l'Idea di tutte le sceleratezza, et che sia il più pessimo huomo c'habbi il mondo. Era nota a tutti la buona vita che fra Antonio faceva in Venetia prima che preaticasse con fra Paolo. Veniamo alla vita pessima di fra Antonio; qua in Roma in sonno molti frati che sono informati della buona vita che fra Antonio faceva in Venetia. [f. 26r]

Fra Antonio non crede cosa alcuna et mangia sempre venerdì et sabbato

Marco Riva, Gentilhuomo di Pregati, di età di 60 et più anni, di buona intentione parente del signor Gasparo Cumano Giaotteo, principalissimo padovano, che stava in compagnia nella mia prigione; disse questo gentillom alla presentia mia et di quelli altri Gentilhuomini che stavano nell'istessa prigione: "Quel frate Antonio è un gran scelerato. Io ho sapute cose della vita sua che a pensarvi mi farno arricciare li capelli. Lui mangia la carne il venerdì et [^] sabbato, et non crede cosa alcuna, Non crede niente!": lo diceva con un enfasi grandissima. "Giesù Giesù", diceva, "che gran cose ho saputo del fatto suo". Questo buon vecchio diceva queste cose che se vedeva che gli venivano dal cuore. Gli huomini da bene potevano fare li loro discorsi: se fra Antonio è così che deve essere fra Paolo. Queste cose le dice pubblicamente, et se publicorno anco per Venetia, et il sig. Gasparo a quanti Nobili venivano a visitarlo gli raccontava quello che gli haveva detto l'Illustrissimo Riva. Detto Riva non volse dire altri particolari perché al pensarvi solo gli davano fastidio. Disse: "Vi basti di saper questo solo che non crede niente".

Fra Antonio dice che morto il corpo morta l'anima

Di più, un altro nobile di casa Grimani, chiamato Gabriello, che era amico stretto di fra Antonio, disse alla presentia di tutti quelli signori che erano [^] in mia compagnia, che fra Antonio non credeva niente et che gli ha sentito dire mille volte che morto il corpo morta l'anima; et che mangiava la carne d'ogni tempo, et che bisognava darsi buon tempo.

Vita dishonesta di fra Antonio

Disse questo nobile che la vita di fra Antonio era la più dissoluta che [^] imaginar si possa, che continuamente stava in casa di meretrici et che dismontato dalla panza delle donne subbito andava a dir messa, et doppo [f. 26v] detto messa, ritornava a montar su. Da chi ha imparato fra Antonio questa falsa dottrina di non credere cosa alcuna? da fra Paolo che è Atheista. Queste cose quelli nobili le dicevano pubbliche di fra Antonio.

Vita di fra Antonio doppo la prigionia pessima

Doppo che fra Antonio fu fuori di prigione, la sua vita è stata in questo modo: stette per alcuni giorni nella Religione a Udine, et di poi voltò le spalle alla Religione con pensiero d'andarsene in [^] Germania et stando in questo pensiero s'incontro in un nobile suo amico chiamato Benedetto Giorgi dove che gli raccontò il suo pensiero; et il Giorgio gli rispose che lui li haverebbe dato da vivere. Ma prima che gli desse ingresso in casa questo nobile andò da maestro Paolo, dubitando di non farli despiacere in favorir fra Antonio, et gli disse: "maestro Paolo, m'è venuto per li piedi fra Antonio dove che, se non fosse in vostro despiacere, io lo pigliarei in casa mia, poi che l'ho trovato mezzo desperato et che se ne voleva andare in Germania". Maestro Paolo gli respose che gli haverebbe fatto sommo favore di pigliarlo in casa et fargli ogni sorta di favore, et glie lo raccomandò; et di più maestro Paolo gli diede anco delli denari acciò li desse a fra Antonio, sì che fra Antonio se ne stava in Venetia in casa di questo gentilhomo in compagnia d'altri nobili. Haveva buttato via l'abbito, s'era raso quelli quattro peletti della barba, poi che lui è giovane di bella carne et dimostra di haver manco tempo di quello che lui ha; et così, da secolare, con pistole sotto di notte e di giorno, andava in compagnia de nobili in su le feste a ballare et sonare, poi che lui sona di leuto et balla benissimo; et in questa maniera menava la sua vita epicurea, attendendo a pigliarsi ogni concento dove che doveva attendere a servire a Dio con ogni spirito, per la gratia che gli haveva fatta de liberarlo dalla morte et dalla prigione; anzi che, se per prima commetteva delle sceleratezze, doppo poi non solo cometteva ogni sorta di sceleratezze, ma di più era anco aportato segno chiaro che lui non crede cosa alcuna per essere adottrinato da fra Paolo all'Atheista. [f. 27r]

Fra Antonio lassa la messa principiata et va con li paramenti sacri a mangiare

Un giorno fra gli altri fra Antonio con questo Gentilhomo et altri andorno fuori in villa in un luogo chiamato la Rotta nel Padovano, a casa di Iacomo Nani (nella qual casa continuamente, d'ogni tempo si mangia carne), dove che quelli nobili s'accordarono di voler fare una burla a fra Antonio: di non lassare cosa alcuna da desinare. Et essendo l'hora del desinare dissero: "Facemo dir la messa al frate". Et lui rispose: "Io la dirò" et così andò a dir messa. Mentre lui diceva messa, quelli nobili bel bello [^] uscirno di chiesa et andorno a tavola et serrorno le porte della casa. Quando fra Antonio si avvide di questo, et che s'imaginò la burla, di già havevea detto il vangelio, non so però se lui haveva offerta l'Hostia, si leva dall'altare esce fuori di chiesa con li paramenti sacri adosso, trova le porte della casa serrate, trova una scala, entra per le finestre et si pose a tavola a mangiare vestito da sacerdote, et disse: "Pensavate di farme la burla alla fe', che io ho burlato voi questa volta". Questo era il secretario di fra Paolo, Nemico de Dio. Questo lo raccontò Benedetto Giorgi al signor Gasparo Cumani che era in mia compagnia, che era amico del detto Giorgi. Disse anco il Giorgi che fra Antonio si vesteva da frate solo quando gli facevano dir messa. Disse il Giorgi al signor Gasparo che quanto gli haveva detto di fra Antonio che non me dovesse dir cosa alcuna a me, ma il signor Gasparo, doppo che lui si fu partito, me raccontò ogni cosa. Di più, gli disse il Giorgi al signor Gasparo, che se lui havesse presentito che qualcheduno lo volesse far pigliare, che gle ne dovesse fare avisato. Ma noi tutti di comun parere quando sapessimo che lui teneva questa vita [f. 27v] dicessimo che non sarebbe passato carnevale o che lui sarebbe stato amazzato o impiccato o sarebbe posto prigione: sì come per giuditio di Dio è stato posto prigione.

Non passorno molti giorni venne un huomo d'arme di san Marco a visitare il signor Gasparo che stava vicino alla porta; Si venne a un certo proposito di parlare de' cattivi religiosi. Disse questo tale: "Vi voglio raccontare una gran cosa in materia de cattivi Religiosi. Un frate, che non so di qual Religione se sia, et questo fu alla Rotta, che dicendo messa levò il calice all'altare et a mezza messa uscì di chiesa et andò per le fenestre in casa; et così, vestito da sacerdote, si pose a tavola a mangiare, et questo fu in casa di Iacomo Nani". Et io, senza scoprirmi di saper cosa alcuna di questo fatto, gli dimandai se lui vi era stato presente. Me respose che lui non vi era stato presente ma che glie ne havevano detto di quelli che v'erano stati presenti, et che per quelle parti si sapeva da per tutto et se ne faceva una gran mormoratione da tutti quelli popoli. Et quando raccontò questo fatto questo galanthomo sentissimo tutti, et il signor Gasparo gli disse che erano molti giorni che il medesimo li haveva detto Benedetto Giorgi.

Fra Antonio imitò Giuda nel tradimento

Quando io fui carcerato, fra Antonio, insieme con Capitano de Capi et sbirri, stavano in una botega, et quando io passai, me gli dimostrò col dito dicendo: "è quello che va adesso là" acciò non me fallassero, volse [^] imitare il traditor di Giuda, che andò insieme con li soldati a far pigliare il benedetto Cristo acciò non lo fallassero; et sì come Giuda si mosse d'avaritia in tradire il nostro signore, così fra Antonio si mosse a tradire et assasinare il suo fratello per avaritia di guadagnare una buona taglia di quattro o cinque milla scudi, et con questi denari vivere allegramente in Venetia con cavarsi ogni sfrenato desiderio con mezzo del mio sangue tutto il tempo di sua vita.

[f. 28r] Me disse in faccia fra Antonio alla presentia delli Inquisitori di stato che con tutto ciò che lui sapesse et fosse certo che il papa gli haverebbe fatto dare un bando di terra e luogo in vita del stato della chiesa, che lui non se ne curava, ma che voleva dire la verità come era. Queste furno le parole che lui disse nel principio del suo ragionamento (le quali non mi sovenero di metterle al suo luogo).

Fra Antonio cupido de denari

Me disse fra Antonio: "Io non voglio altra gratia dal Papa se non che me dia delli denari". Ma, sciagurato, senza moversi di Venetia voleva [^] procurare di pigliare di buoni milia di scudi col mezzo del sangue del fratello et, sì come Giuda non godette del prezzo del tradimento, così neanco lui ne ha goduto; anzi Giuda s'impiccò et questo fu il premio suo, et fra Antonio doveva morire della morte c'haveva fatta preparare a me.

Aman, che era il più favorito del re Assuero, haveva fatto alzare in piede un par di forche per fare impicare il buon Mardocheo, ma fu tutto il contrario ché, per voler divino, vi fu impiccato Aman d'ordine del Re Assuero. Così doveva avenire a fra Antonio: che l'istesse forche che lui haveva fatte preparare a me per farmi dare la morte, io ne ero restato libero per divin volere, et all'istesse forche doveva essere appeso lui, cioè d'essere anegato, se maestro Paolo, per il desiderio c'haveva di novo di servirsi di lui, non l'havesse domandato in gratia. Fra Antonio, in Padova, conobbi io veramente c'haveva animo di fare quanto diceva ma, come fu in Venetia, il Diavolo gli mise quelli pensieri per il bando che era contro quelli c'havessero trattato contro maestro Paolo.

[f. 28v] Dove che maestro Paolo, considerato che questa era una buona occasione di dare qualche smacco a Roma, et lui con questo mezzo aquistar maggior grido et fama, fece demonstrare il fatto alla giustitia ma per che il suo fine era pessimo et diabolico, in dishonore di Roma, ma Dio benedetto in questo hebbe un altro fine tutto contrario al loro: che in cambio de dishonorare altri, son restati dishonorati e maestro Paolo et li Vinitiani. Et questo lo disse anco Nicoletto Contarini, spada et scudo di fra Paolo. Venne il Reverendo pievano di san Giuliano (huomo di settanta anni amico di Nicoletto Contarini) a visitare il signor Gasparo et me vidde et me dimandò chi ero; e sentendo il mio stato così infelice et miserabile (ché non havevo da vivere), me disse che mi voleva far liberare, poi che la signoria usa, quando un condennato è stato il terzo del tempo o vero, alla più lunga, alla metà del tempo della condanna, di fargli gratia, et io di già havevo passato la metà del tempo. Questo Reverendo parlò col Cantarini suo amico et che puote assai in Venetia. Il detto Contarini gli fece una braccata grandissima: et che si doverebbe vergognare di procurare la libertà d'uno c'haveva offeso loro nel honore con scrivere le nostre attioni a Roma, et così quel Reverendo restò di far altro; così referì il Reverendo pievano al servitore del segnor Gasparo.

Quel Capitano delli Capi che mi fece prigione, quando io fui condotto nell'altra prigione, me venne a visitare, che quasi gli venivano le lagrime all'occhi; et me disse che me haveva compatito con lagrime di sangue al cuore, ma che mi dovesse consolare ché Dio è giusto: "Et sappiate, padre, che quella burla che volevano fare a voi la faranno a quello che v' ha assassinato".

[f. 29r] Questo istesso Capitano è stato quello che ultimamente ha preso fra Antonio, et venne alla mia prigione a dirmelo: "Havete da sapere che quel galantehomo che ve assasinò è dentro al coperto; vedete mo' se Dio è giusto: non dubitate che Dio lo gastigarà come merita".

Me scriva di Venetia il signor Gasparo che fra Antonio è molto male in essere, che non ha panni, sta in una prigione dove se mettono tutti li furbi: che sonno il numero d'ottanta persone et che alcuni di quelli nobili che gli mandavano qualche cosa da mangiare non gli mandano più niente, dove che la fa in pane et acqua, dove che fa qualche parte dalla penitentia che merita delli suoi tradimenti et inventioni. È stato un miracolo de Dio che doi mesi prima che io uscissi di prigione lui ve sia entrato et ve l'habbi lassato.

Vita et costumi et attioni pessime de Nobili Vinitiani, salvando l'honore de buoni

La santità Vostra deve sapere che, dicendo io molte cose di Vinitiani in materia della loro vita, che lo dirò con fondamento, poi che credo che pochi habbino havuto l'occasione di sapere la lor vita come la so io. La ragione è questa: che stando io nella prigione forte delli Capi, nelle quali (per il più) non vi stanno altro che Gintilhomi de tutto il stato. Nella mia prigione, che erano sei, v'erano quattro Gentilhomini: principalissimi padovani et veronesi.

Costumi de nobili

Acanto alla mia prigione v'erano quattro nobili vinitiani delle principali case di Venetia, et questi erano presentati, dove che con questa occasione non era più tosto giorno: che cominciava la processione [f. 29v] di questa mala generatione de Nobili et durava sino al' due hore di notte. Il primo esercitio che loro facevano arrivati che erano, [^] era l'imbriacarsi et poi dire delle maggior nefandità che mai girar si possino, che per non disgustarsi bisognava serrarsi gli orechi, et come potevano entrare in ragionamento con dir male et straparlare della Santità vostra, questo era uno delli gusti che loro potessero havere; facevano li loro discorsi politici che contenevano sempre qualche heresia.

Nel defendere io, nelli ragionamenti che loro facevano, la Santità Vostra, me respondevano: "fusse mi che al papa gli cascassero tutti li denti et gli occhi come è vero quello che noi dicemo!". Et questo durò molti mesi. Questi si partirno et ve ne tornarono dell'altri, et si teneva pur l'istessa vita; dove che con questa occasione conobbi la maggior parte della Nobiltà, et nelli loro ragionamenti che facevano si cognoscevano li loro pensieri; oltre che quelli Gentilhomini che stavano in mia compagnia havevano di molte visite de Nobili et nella maggior parte delli ragionamenti si sentiva dire [^][30] qualche bestialità.

Possedono la dottrina di maestro paolo li Nobili

Et con questa occasione ho cognosciuti quanto siano male affetti et si ve veniva qualche buono non si arrisicavono di parlare, dove che al dir male non v'era retegno alcuno et al dir bene bisogna pensarvi sopra. E questo è il mal grande: che la gioventù va crescendo nel male et possedono così bene quella dottrina di quelli libri di maestro Paolo che non si puol dir più; et lo citano per autore inrepagabile, et che le sue parole siano sentenze e che non vede et non sente queste cose: par che non le possa credere. E piacesse a Dio che non fossero vere, in benefitio dell'anime loro et della Religione Christiana: che non si allevano con questa mala dottrina la quale col benefitio del tempo andarà anco pigliando maggior credito et valore appresso di loro.

30. [possedono la dottrina di maestro paolo li Nobili].

Esercitio de nobili

[f. 30r] Bastiano Bernardo (nobile) disse "Questo il nostro esercitio" e questo parlando prima de Giovani "Pachio, Gioco et ogni sorte di [^] vitio di carne; l'esercitio de' vecchi è questo: tengono un bel giovane che gli venga di mezzo et si fanno mandar su le moroide et vanno a casa dell'amica a dir quattro pastochie. Vuol essere ben povero un Nobile che non salarii la meretrice a tanto il mese, et chi non la salaria non gli pare di poter comparir fra li altri loro compagni".

Vi venivano de' cinedi, che loro Nobili dicevano: "Vedete quel Giovane, ha fatto fallire il tal mercante". Ve veniva un nobile chiamato per nome Marco Giustiniano che (quelli altri nobili dicevano) c'haveva guadagnato più di trenta milla scudi con servizi per cinedo. Come siano bene imbriacati, alla ferriata della nostra prigione raccontavano tutte le loro poltronarie et infamie et se ne gloriavano. Se presentorno poi due corteggiane, le due più famose di Venetia (per occasione che in una festa, per causa loro, si hebbero d'amazzare da quaranta nobili), le quale stavano a' canto alla nostra prigione; se della nobiltà ve ne veniva Dio ve lo dica: sempre andavano inanzi et indietro come le formiche, pareva un formicaio! Ho sentito dire a quelle fenestre che si v'erano Angeli che erano Cinedi di Dio, che maggior bestialità di queste. Bastiano Bernardo disse, che io sentii, che ancor Dio fa delle menchionarie; e questo istesso ho sentito dire: che doppo che loro havevano usata la pugna et la gara col papa, che da tutto il mondo erano più stimati et che molti prencipi s'erano mandati a rallegrarsi con loro; et a confederarsi con esso, loro della Badia del polesine, dicevano che la Santità Vostra ha bisognato che s'accomodi al voler loro. Et di queste simile bestialità ne dicevano infinite.

[f. 30v] Benedetto Giorgi disse al signor Gasparo Cumani (che sentii ancor io) se lui credeva nel Papa. Respose il signor Gasparo: "Senza altro che io vi credo nel Papa"; Respose il Giorgio: "Al tempo d'adesso nel papa non vi credono se non gli menchioni: gli Galanti huomini non vi credono". Et detto questo si volto con la faccia et accennò al palazzo della Signoria et disse al signor Gasparo: "Bisogna crederci. Vedete mo' che intentione è la loro", Beatissimo Padre, Catavino Moresino gli ho sentito dir io cose della santità vostra che non si direbbono del più vil hom del mondo, che quando lo sentii parlare così temerariamente, io me feci rosso che me sentivo abrugiare la faccia et gli resposi con quel poco spirito che Dio benedetto me diede. Questo istesso diceva che l'andare a meretrici non era peccato; di più disse che li Papi et Cardinali non credono cosa alcuna.

Parole del Calbo molto diaboliche

Francesco Calbo (nobile) disse queste parole quando li Venetiani fecero impiccare quel prete senza degradarlo: poi che fecero intendere al Patriarca che dovesse degradare, et non lo volse fare, lo fecero intendere ad un vescovo che si trovava in Venetia, similmente non se ne volse intricare, et così l'impicorno senza degradarlo [^]; et questo nobile venne a ragionamento di questo fatto alla nostra prigione et disse: "Se fosse stato a me il comandare haverei fatto impiccare il patriarcha, quel altro vescovo, et in mezzo a loro haverei fatto impiccare il prete con un calice in testa".

Vinitiani impicarono un prete senza degradarlo

Io ho sentito questo questo prete che fecero impiccare, non confessò cosa alcuna di quello che [f. 31r] che veniva imputato; gli diedero la corda senza misura et il prete, in su la corda, gli protestava da parte de Dio che lo dovessero dare al suo foro, chiamandoli scomunicati et maledetti. Queste parole me le referì un prete che stava vicino alla prigione di quello che fu impiccato, per che in quelle prigione ve ne sonno delli preti et frati prigione; che glie ne disse, avanti che lo facessero morire, [^] Nicoletto Contarini, quando vedde che nessuno lo voleva degradare disse: "Che s'impicchi a così; per che un prete, degradato o non degradato, se ha da impicchare".

Alovigi Donato, nobile che era Capitano de corazze nel tempo dell'interdetto, et suo alfiero era un Gentilho padovano chiamato Paolo de' Dottori, che stava pur prigione in mia compagnia, et questo Alfiero, havendo un giorno un poco di rimorso di conscientia di haver prese l'arme contro la Chiesa, disse al detto Alovigi Donato: "Questo andar contro il Papa mi pare una gran cosa". Et lui gli dette questa resposta: "andarò anco contro Dio, non che contro il Papa". Questo Alovigi fu uno di quelli che andava cantando per Venetia la notte le letanie alla roversa in dishonore de Dio, et che andavano tagliando il naso et gli orechi a quanti trovava per la città (per il che stette un poco di tempo bandito et poi se liberò).

Questo Gentilhomo padovano sente ancora tanto despiacere d'essersi armato contro la Chiesa: che gli pare che Dio non gli habbi da perdonare mai quel peccato; et me diceva che, se venisse più tale occasione, che più tosto si lassarebbe tagliare a pezzi et pigliarebbe un bando del stato di [f. 31v] Venetiani et perdere la robba, che mai più pigliare l'arme contro il papa et la Chiesa. Et questo istesso ho sentito dire di molti Gentilhomini e padovani et veronesi: che alle occasioni non volevano servire questi scelerati et Heretici delli Vinitiani et, non che potranno, gli vogliono dimostrare l'animo loro qual sia.

Venivano Gentilhomini di portata delle città di terra ferma et dicevano che in Venetia si cominciava a vivere alla Calvinista, et che Dio benedetto non poteva tardare il gastigo: chi veniva a visitare quelli Gentilhomini havevano ardire di dire ogni cosa, sapendo che in quella prigione non vi erano se non persone honorate.

Venetiani mali aministratori di giustitia

In quanto alla giustitia io ho visto et sentito le maggior cose [^] et le maggior pazzie, che io per me restavo maravigliato che si puol' dir hormai c'habbino perso la Religione et la giustitia: base et fondamento delli Regni. Et che per ciò gli versa qualche gran flagello, et quelli buoni lo dicono, che Dio bisogna che gli gastighi per che son troppo trascorsi nel male, poi che non si aministra la giustitia se non per via di brogli, et vi fa a chi meno ci puote, sì nell'interesse della vita come della Robba.

Marco Riva disse che non v'era potentato che potesse più con la Republica del Re d'Inghilterra: per che nelle turbolenze passate nessun altro s'era demostrato più affectuoso di lui, et che dicesse da dovero più di lui, et per ottener gratie dalla Republica non si è la meglio strada di quella et il meglio mezzo di lui.

Vinitiani nel vitio della carne non tengono registro

[^] Nel vitio della carne non se tiene registro: fratelli con sorelle, più [f. 32r] più fratelli usare con l'istessa cognata, padri svergenare le figliole.

Il signor Gasparo Cumano me nominò un nobile (che non mi raccordo il nome) c'haveva tolta la virginità alla figliola e poi la maritò. Et il marito, trovandola sverginata, gli domandò chi era stato et lei gli confessò che era stato il padre.

L'istesso Cumano me disse, et me nominò li particolari: che erano più fratelli che usavano tutti con la cognata et che questo molti lo facevano. Me disse anco de fratelli con le sorelle et me soggionse: "sappiate che le Venetiane, una gran parte avanti che siano maritate, o da fratelli o d'altri parenti et familiari vengono sverginate", et soggionse che lui di questi particolari ne aveva intesi molti e molti.

Un nostro frate da Verona, chiamato fra Claudio, me disse che stando in Venetia in casa d'un Nobile principale, con una certa occasione vidde l'ultimo fratello haver da fare con la sorella, che era donzella.

In Venetia vi sonno delle scole dove vanno le Nobile a farsi negoziare da Gentilhomini forestieri. Il signor Iacomo Leoni, padovano, fra li altre ne hebbe una nobile principalissima et richissima, et io glie ne ho sentito dire da lui al signor Gasparo e voce anco che ve siano delle scuole di Giovani di cattivi affari:

Rapimenti de putte

Iacomo Nani, che mangia la carne d'ogni tempo, usa questo: come è [^] fuori in villa di far pigliare una carrozza discoperta; mena seco tre o quattro huomini armati et un sonatore di qualche strumento che vadi sonando, passarà dinanzi a qualche casa dove sia qualche bella putta; fa [f. 32v] fa sonare da quel'sonatore. Le giovane, allettate da quel suono di quello instrumento, escono fuori dalla strada. Gli uomini armati escono fuori di carozza, pigliano la giovane et la mettono in carozza, et la conducono a pigliarsi li loro contenti, et li poveri padri et madri bisogna c'habbino patientia per che, se vogliono dire cosa alcuna, gli fanno dare di buone bastonate et delle ferite, et ve ne sonno anco delli altri de Nobili che fanno questo che fa il Nani.

Altri Nobili, et me li nominò anco per nome il segnor Cumano (ma non mi sovengono), quando sonno che in qualche luogo si fa qualche solennità de santi et che vi sia un gran concorso de popoli, si mettono alcuni Nobili acompagnati da homini con buoni archibugi in qualche capo di strada et stanno aspettando chi passa. Et quando passa qualche bella Giovane in compagnia delli suoi parenti, glie la rapiscono per forza et ne fanno quello che più gli piace e pare. Et se vogliono dire cosa alcuna, hanno il mal anno et la mala pasqua et bisogna che sopportino ogni cosa, con peggio che se fossero schiavi quelli poveri papali.

Rapimento di putte di notte

Bastiano Bernardo: lui usa di andar di notte con gente armata et [^] di buttar per terra le porte delli poveri contadini, pigliare le figliole, menarle a casa sua, tenerle lì quattro o sei giorni cavandosi li suoi capricci et poi anco darle in preda alla sua servitù. Io le ho sentite raccontare queste prodezze dalla bocca sua per gloria: et per trofei et impie segnalate di queste cose si gloriano.

Sforzamenti vituperosi

Catarino Morisino, nella villa di Piacenza, soleva andar di notte [^] con quattro huomini in compagnia, et andava a casa di qualche povero contadino c'haveva qualche Giovane da Marito: entrava dentro faceva pigliar la Giovane, et lì nella propria casa le [f. 33r] le vituperava. Et se non volevano star salde, le faceva pigliare da quelli quattro huomini c'haveva seco un per braccio et un per piede, et lui in questa maniera le sforzava, et acciò non gridassero li mettevano un fazoletto in bocca. Et io conosco una giovane in Piacenza (villa del padovano) con la quale lui haveva usato questa violenza, che il curato me la mostrò. Et quelle povere genti bisogna che stiano salde a queste botte, et non se ne possono resentire in modo alcuno di questi sorte di eccessi; se ne sentono tanti che veramente è una gran compassione et una gran crudeltà, cose veramente che non si fanno fra Barbari. Io non so che al mondo si possa far peggio di quello che fanno questi Venetiani: cose tanto empie che chiamano a vendetta le pietre non che gli huomini. Queste sonno le gloriose attioni de Nobili Vinitiani. In Venetia li Nobili parlano di andare alle Monache come si parla nelli altri luoghi andare nelli chiassi et luoghi infami.

Alcuni di quelli che son stati banditi per essere stati nelli monasterii, et menate le monache per Venetia in su le feste et c'hanno havuto da far con loro, stanno in Venetia et di sera venivano alle pregione a visitare altri nobili; gli hanno fatto un gran male: ne sonno stati banditi molti ma però stanno tutti a Venetia.

In Venetia si mettono 15 o 20 insieme di notte armati, con resolutione di amazzare et ferire quanti gli vengono per le mani, et così imbriachi comettono mille sceleratezze et bestialità. Con quella lor coperta di caso puro et caso pensato si comettono infiniti eccessi. Le pasquinate del caso delle Monache si cantano per tutti li cantoni in Venetia, che son versi infami; et io gli ho sentiti leggere [f. 33v] eccessi di homicidii et d'altri particolari che non si puol'dir più.

Quel Nobile che era in compagnia di maestro Paolo quando gli fu dato, io lo conoscevo: era huomo vecchio di casa Malepiero quando è stato amalato (che in quella infirmità morse; mi fu detto alla prigione, che non haveva voluto che mai il parochiano l'andasse a vedere et che non gli soministrò nessuno sacramento et che non vi fu altri Religiosi a vederlo a letto che fra Paolo: questo era suo intrinsico. O che peste è questa, diabolica!

Giulio Contarini, gran sogetto, venne alla prigione et dimostrava di compatirmi. Et me disse: "Dio vi ha aiutato: era ordine di farvi trovare quella sera con l'impianto della chiave adosso. Se ve la trovavo, v'impiccavano subbito subbito: Dio v'ha aiutato veramente". Era in compagnia di questo un altro nobile di buona età qual me disse: "Padre, come sta questo fatto? poi che il maestro Paolo mi ha detto a me che fra Antonio gli conferiva ogni cosa". Io gli resposi: "è vero che gli conferiva ogni cosa, ma erano tutte falsità**:** lui era autore di voler procurare la morte a maestro Paolo et non era né io n'altri; et se io non havevo le sue lettere c'hanno fatto cognoscere questa verità, che lui era autore di questo, io era morto". Soggiunse il nobile "Che cosa desiderava?". Io resposi: "Qualche scrittura di maestro Paolo". Me dimandò d'ordine di chi procuravo queste scritture et io a questo non dissi altro. Soggionse il Contarini: "Era ordine del Cardinal Borghese", et così si partirno.

La plebe di Venetia in universale è bene affetta verso la Santità Vostra. Li Mercanti similmente hanno grandissimo zelo di Religione et son di buona mente verso la Beatitudine sua. [f. 34r]

Duello di due Nobile che una defende il papa et l'altra il principe

La moglie del signor Gasparo Cumani trovandosi in una Chiesa (che non me soviene qual chiesa fusse), due Nobile vennero a ragionamento **[^]** fra di loro: una defendeva il Principe et l'altra la Santità Vostra; et vennero a tale che se dicevano parole molto brusche. Quella che defendeva la Beatitudine vostra disse ultimamente all'altra Nobile: "Signora Clarissima, bisogna credere nel papa et obedirlo, per che è nostro padre et pastore" et con questo gli voltò le spalle e venendo via. Quando la signora Dianira, moglie del signor Cumano, raccontò questo fatto alla mia presentia al marito, Padre santo, da quel obedientissimo figlio che vi sono che me s'intenerì il cuore et per tenerezza mi vennero le lagrime alli occhi et hebbi tanto contento in me stresso che non si potrebbe dir più.

Città bene affette verso il pontefice

Le Città di terra ferma, Padre Santo, sono assai meglio affette al presente **[^]** alla Santità Vostra che non erano per lo passato: per che vedono et toccano con mano la vita cattiva de Nobili, et che sono arrivati a tale che non si possono più tollerare.

Il signor Gasparo Cumano, nobilissimo padovano (il suo parentato tira quasi tutta la nobiltà padovana), amatissimo più d'ogni altro da tutta la Città di Padova, vive con desiderio grandissimo di adoprar la sua vita in servitù della santità sua: ha fatto voto, per una infirmità di petechie c'ha havuta in prigione, di venire a Roma et baciare li piedi alla Santità Vostra. Era assai bene affetto alli Venetiani ma, per vedere che credono poco, et ha tocco con mano tante ribaldarie che non gli puote sentir nominare. Questo signore dava cinque scudi la settimana alli Guardiani delle [f. 34v] prigioni, acciò che in sua compagnia non vi mettessero altri ma, in particolare, non ci voleva nobili, poi che non gli puol sentire.

Il signor Matteo Guagnigo, Gentilhuomo principalissimo Veronese et di grandissimo seguito nella sua patria, che stava ancor lui in mia compagnia, disse questo signore che: "non sarà mai vero che sii per pigliar mai l'armi contro la Chiesa et contro la croce", et che **[^]:**[31] "più tosto prego Iddio che me dia la morte che sia per venire a atto tale".

Nobiltà odiata da vassalli

Et questo Gentilho è tanto male affetto alla Nobiltà che se gli beverebbe in un bechiero di veleno; è verissimo, santissimo Padre, che la Nobiltà ogni giorno viene odiata più dalli loro sudditi et Vassalli.

Gli padovani sono come schiavi di Venetiani, et hor mai li Nobili gli hanno spogliati di tutti li loro beni, et loro fanno li loro discorsi; che caminando tutta via le cose in questa maniera in spatio di cento o novanta anni li padovani non havevano più cosa alcuna; sì che le buone teste stanno con desiderio che, se gli si presenta una buona occasione, di torsi il giogo dal collo et di vedere di recuparare li loro beni. Ho sentito di gran particolari, et che per l'avenire, a Venetiani, gli viene bisogno che gli va per andare più male di quello che loro imaginano; son traditori simulatori: se la simulatione si perdesse non si perderà mai in loro. Il tutto ho detto santissimo Padre senza pregiuditio delli buoni.

Padre Marsilio

Un libraro perugino in Venetia me disse che un nipote o figliuolo **[^]** del procurator Molino gli portò a ligare alcune lettioni di Padre Marsilio sopra la politica di Aristotele, et che ne lesse un poco et che vi trovò che diceva che le Religioni erano inventione de gli homini et che erano state retrovate per tenere in freno li popoli. Me disse questo istesso libraro che gli haveva detto un giovane perugino che stava in casa d'un Nobile principalissimo, et [f. 35r] et che in questa casa sempre si faceva bevaria, et che mangiava la carne la settimana santa come il giorno di Pasqua, ma non me volse dire chi fosse questo Nobile.

Alcuni nobili di quelle Giovani venivano alla ferrata a burlarmi, come facevano li filistei con santone; et io soportavo il tutto con patientia et rin-

31. [Nobiltà odiata da vassalli].

gratiavo Dio d'ogni cosa: questo è quanto mi son provato raccorrdare in materia di quanto era mia intentione d'informare la Santità vostra.

In quello che raccontava frate Giovan Francesco in prigionia

In quel tempo che son stato prigione, Beatissimo padre, non ho mancato d'infervorare, et accendere nella divotione di Vostra Beatitudine **[^]** et alla obedientia della sedia Apostolica quelli Gentilhomini con li quali ho trattato, e tanto più si accendevano di buono et santo zelo per vedermi oppresso in una miseria così grande con tanti patimenti, et che il tutto pativo per zelo della Religione christiana con patientia et ringratiavo Dio d'ogni cosa: et con questa occasione mia, maggiormente s'accendevano di sdegno et odio contro fra Paolo (poi che li Gentilhomini di terra ferma non lo possono sentire nominare); piacesse a Dio che fosse alli Nobili in cattivo concetto maestro Paolo come è alli Gentilhomini di terra ferma: che molto tempo fa che l'haverebbono lapidato et levato del mondo.

Non ho mancato, in quel tempo che son stato prigione, di edificare quelli Gintilhomini come se conveniva al stato mio: con predicationi et buoni documenti, co quel spirito et zelo che Dio benedetto me sominiStrava. Ogni sera, tutti di compagnia in ginochioni, gli facevo fare l'oratione, nella quale si faceva sempre comemoratione di Vostra Beatitudine, et la mattina tutti attendevano come si sono levati a dire le loro orationi, particolari gli [f. 35v] havevo insegnato a dire l'offitio della Madonna; qual costume, di orare ogni sera di compagnia, me scrivono che non mancano di osservarlo, del che ne ringratio Iddio et la Beata Vergene e, se bene son stato prigione Padre Santo, con tanti patimenti, ho però questo contento: che in quel tempo, per gratia de Dio, ho cagionati bonissimi effetti di religiosità, et pietà Christiana, et di zelo di obedientia, et ossequio verso santa Chiesa, et la Vostra Beatitudine in quelli c'hanno praticato et trattato meco; il tutto però sia detto a lode Dio benedetto e di Maria Vergene.

Io in quelle mie calamitadi et miserie, sera et mattina, in quelle mie debole et fragile preghiera che porgevo con ogni maggiore affetto verso sua Divina Maestà, continuamente mi raccordavo di Vostra Santità et dell'Illustrissimo signor Cardinale Borghese (sì come sacerdote) di pregar per lei, per la sua sanità, et per il longo et felice pontificato: et che Dio benedetto prosperi et feliciti la sua buona et santa intentione, dove che confido nella bontà et misericordia de Dio benedetto che, per benefitio del popolo Christiano et della sua Chiesa, sia per porgere benigne orechie alli prieghi de gli suoi humili et devoti servi.

Arrivato il tempo del fine della mia condanna, io feci una supplichetta al Conseglio di Dieci con esporgli che io di già havevo compito il tempo della condanna, dove che le pregavo che si degnassero di farmi gratia della loro libertà, acciò mi potessi ritirare in luogo di quiete dove potesse attendere a servire Dio benedetto et pregare Iddio per quella Serenissima Republica. Letta c'hebbero questa supplichetta, mandorno alla mia prigione il Capitano Grande a dimandarmi che strada volevo fare, la qual dimanda mi consolò tutto: poi che gli cognoscevo huomini di tanta poca fede che dubitavo che non me [f. 36r] me ingannassero et che mi facessero morire in quelle miserie. Io gli resposi che, trovandomi senza panno, senza un quattrino per poter far l mio viaggio, che desideravo di fare la strada di Padova, per procurare se io potessi recuperare qualche poco delle mie robbe et libri per poterli vendere per fare il mio viaggio. Se partì et non me disse altro. Tornò la sera et me disse che li signori non volevano in modo alcuno che io passassi per Padova. Io gli resposi che me ponessero in libertà, che non ve sarei andato in modo alcuno. Pareva che loro havessero paura che io dovesse mettere bisbilio nella città.

Bando dato a fra Giovan Francesco

La mattina sequente venne un fante delli Capi in compagnia d'altri et me chiamò et me lesse il Bando, Il quale cominciava in questa maniera: "Fra Giovan Francesco Gratiani de' servi da Perugia Baccelliere, retento l'[^] anno passato, s'intenda bandito di terra et luogo in perpetuo, navilii armati et disarmati; et rompendo li confini o sia preso, o amazzato alli captori, o intefettori di quello guadagnino doi milla lire di taglia da dovergli sborsare subbito della cassa del Conseglio di Dieci destinati alle taglie". Con quel termine "navilii armati et disarmati", vogliono intendere che non posso andare neanco per barca per li loro mari. Così poi la sera, a 23 hore, mi cavarno di prigione; ma uscito che fui fuori della porta della prigione, un Nobile di quelli che non credono, che stava a parlare alla prigione di quelle corteggiane, me chiamò et disse queste parole: "Padre, a rivederci a casa del Diavolo". Io resposi: "Non ho tal pensiero".

Cavato che mi hebbero di prigione me condussero nella guardia, dove stetti sino alle due hore di notte incirca; vennero poi li sbirri et mi condussero [f. 36v] alla barca che partiva per Ferrara, et nell'istessa barca entrarono a' canto a me li sbirri; et non si partirno mai da me per sin tanto che non mi condussero in Corbola, stato della santità sua confini del ferrarese.

Fra Giovan Francesco nel stato della Chiesa

Et io, quando viddi di essere nel stato della Chiesa et che li sbirri si siano partiti, cantai il Te Deus Laudamus; ringratiando Iddio et la Beata Vergene, che s'erano compiaciuti de liberarmi da [^] tante catene et di condurmi a salvamento nelli stati sotto posti alla Santa Sedia Apostolica. Et sentii così gran contento et giubilo che tanto non ne sentirno gli Hebrei nel mettere il piede nella terra promessa, li che per arrivarci stentarono et paritono quaranta anni nel viaggio, nella quale gionsero col favore et guida che di notte e di giorno gli faceva Iddio; et io, col favore dell'istesso Iddio, doppo l'haver fatto un viaggio di tanti travagli et miserie et passato per mezzo della morte con ritornare da morte e vita, son pur arrivato nella santa Città bagnata col sangue di tanti miglia de santi et ho con ogni Religiosita et pietà Christiana baciati li Vostri Piedi, Beatissimo et santissimo Padre, apportando amiratione a lei come a tutti quelli che me hanno visto. Che essendo io stato condennato alla morte et patito una così longa et penosa prigionia nelle mani di gente poco fedele et nemica, finalmente sia per divin volere uscito da così stretti luoghi; et mi trovai nella santa Città di Roma, nel grembo di santa Chiesa, alla presentia del Vicario da Dio benedetto in terra: gratia particolare che si è compiaciuto di farmi Iddio; per che, patendo per causa della sua chiesa, vuol dare esempio alli altri: ché per servitio di Santa Chiesa ci dobbiamo esporre alle carcere alli flagelli et alle morti, per che lui, per maggior gloria della sua Chiesa ve [f. 37r] ve libera dalle carcere, dalle catene et dalla morte. Si è compiaciuto Iddio, santissimo padre, di liberarmi da tutte queste cose, et io, di novo alli piedi di Vostra Beatitudine (come a vicario de Dio), dono et offerisco questa mia persona: che di novo si voglia compiacere di esporla alle carceri alli flagelli alle catene et finalmente a spargere il sangue per la fede di Giesù Cristo, et in defesa et honore della santa sedia Apostolica che maggior favore et gratia non potrò ricevere da lei che, con la sua benedittione, andare a spargere il sangue per Giesù Cristo. E quanto gli dico è dono de Dio che, per sua bontà et misericordia, si e compiaciuto di donarmi questa gratia: di haver questo buono et santo desiderio di bramar occasione di spargere il sangue per l'amor suo et della sua santa Chiesa. Ringratio anco Iddio che mi ha fatto patire per honore della mia religione de' servi di Maria Vergine, denigrata nella fama et nel'honore da quel ribello de Dio et della sedia Apostolica di fra Paolo.

Con quella maniera che le cose son passate, et in quello istesso modo che io l'ho sapute et intese le cose da persone degne et honorare et zelose del'honor da Dio, l'ho qui scritte puramente et senza abellimento di parole; et tutte le cose che mi sono raccordato l'ho esposte quasi con l'istesse parole che alla presentia delli giudici io le dicevo, e ben spesso non credo di variar termini d'una parola (per che veramente son state attioni d'essere scritte nel cuore). Sì che, Santissimo Padre, quanto in questa mia scrittura (fatta con quella maggior prestezza c'ho potuto) si contiene è la verità. Ho cercato anco d'espor quel tanto che diceva fra Antonio con gli istessi termini suoi, sì come ho fatto in tutti gli altri detti di quelli signori et di altri particolari.

[f.37v] Io ho havuto l'animo grande, et desiderio di far gran cose per servitio della Chiesa: non guardando a pericolo alcuno, né di vita né di altra cosa; da me, ansi, è mancato d'ogni diligentia possibile. Ma il nemico delle humane genti vi s'è interposto per maggior danno del' Christianesimo, e questo è quanto ho potuto dire alla Santità Vostra per verità.

Io fra Giovan Francesco Gratiani, de' servi da Perugia: humilissimo, Devotissimo et obedientissimo figliolo della santità vostra, ho esposto quanto in questi fogli si contiene per verità.

Indice dei nomi

Finito di stampare
nel mese di gennaio 2025
da The Factory s.r.l
Roma